教育部中等职业教育专业技能课立项教材

旅游服务与酒店管理类

西餐服务

主　编◎崔梦萧
副主编◎严庆正　林　奕　林文冰

XICAN FUWU

中国人民大学出版社
·北京·

图书在版编目（CIP）数据

西餐服务 / 崔梦萧主编. -- 北京：中国人民大学出版社，2022. 1
教育部中等职业教育专业技能课立项教材
ISBN 978-7-300-30187-7

Ⅰ. ①西…　Ⅱ. ①崔…　Ⅲ. ①西式菜肴—餐馆—商业服务—中等专业学校—教材　Ⅳ. ①F719.3

中国版本图书馆 CIP 数据核字（2022）第 010480 号

教育部中等职业教育专业技能课立项教材
西餐服务
主　编　崔梦萧
副主编　严庆正　林　奕　林文冰
Xican Fuwu

出版发行	中国人民大学出版社		
社　址	北京中关村大街31号	邮政编码	100080
电　话	010-62511242（总编室）		010-62511770（质管部）
	010-82501766（邮购部）		010-62514148（门市部）
	010-62515195（发行公司）		010-62515275（盗版举报）
网　址	http://www.crup.com.cn		
经　销	新华书店		
印　刷	北京瑞禾彩色印刷有限公司		
规　格	185mm × 260mm　16 开本	版　次	2022 年 1 月第 1 版
印　张	10	印　次	2022 年 1 月第 1 次印刷
字　数	192 000	定　价	39.00 元

前言

PREFACE

为了更好地服务中职学校旅游服务与管理专业，特别是高星级饭店运营与管理方向学生的教学任务，针对中职学生的知识结构、性格特点及能力目标，早在2019年我们就编写了中餐服务教材——《餐饮服务与管理》。该教材发行后，得到了同行业特别是该专业学生的认可。与此同时我们发现，与之相对应的西餐服务的教材在市场上并不多见，我们简单地做了调查研究，询问了同行同类中职学校选择西餐服务教材的情况，大家一致认为：当前市场上西餐服务的教材即使有也并不完善。鉴于此，我们决定专门编写一本关于西餐服务的教材。

本教材内容精简、形式多样，以“便于老师教，利于学生学”为基调，除了“减少冗长拖沓的文字描述、采用精美的图片、运用图表使知识一目了然、专业技能训练和实践有机融合”这些优点之外，还增加了以下内容使教材更加完整和完善：

1. 教材在实操方面设置任务描述、任务目标、任务准备、任务实训、任务评价五个环节，环环相扣，技能训练体系完整，任务明确，目标清晰。通过情景导入、拓展延伸等环节使整本教材内容更加丰富、形式更加多样，实现知识与技能的有机融合。

2. 在评价中采用学生自评、学生互评、教师评价的三元评价体系。教师通过三元评价体系，能够全面、清晰地了解学生对知识和技能的掌握情况，从而有针对性地开展教学。

3. 在情景简析中加入简单的参考答案。在每一个情景导入中，我们都根据情景内容加入了简析，让教师在授课过程中有所参考，利用头脑风暴法启发学生思维，为学生学习后面的知识奠定基础。

4. 加入课堂悦读和拓展延伸，让阅读成为“悦读”。为了让学生在学中乐、乐而学，本教材增加了课堂悦读和拓展延伸环节。入选内容生动有趣，符合中职生喜好，且与教材中的知识紧密相连，在为学生的学习增添趣味性的同时，还能让学生了解更多相关的知识内容。

本教材由崔梦萧任主编，严庆正、林奕、林文冰任副主编。编者在编写过程中得到了中国人民大学出版社李剑老师的大力支持与配合，在此表示万分感谢！本教材编写分工如下：基础篇由严庆正编写，技能篇由林奕编写，服务篇由崔梦萧编写，礼仪篇由林文冰编写。整本书由崔梦萧统筹。本教材结构合理，条理清晰，定位准确，实用性突出，既可作为中等职业学校旅游服务与管理专业的教材，也可供餐饮服务与管理行业的从业人员参考。在本教材的编写过程中，编者借鉴了大量的出版物与网络资料，在此谨向作者及平台表示诚挚的谢意。由于编者水平有限，如有错漏，恳请专家、同行不吝赐教。

编　者

目录

CONTENTS

板块一　基础篇

板块二　技能篇

板块三　服务篇

板块四　礼仪篇

板块一

基础篇

知识目标

1. 在了解西餐基本构成的基础上，熟悉西餐体系分类与西餐菜单。

2. 掌握西餐各菜系的烹饪特点，为后面技能篇、服务篇、礼仪篇三个板块的学习打下良好的基础。

知识一 认识西餐

情景导入

西餐的6个"M"

第一个是"Menu"(菜单)

菜单被视为餐厅的门面，一般餐厅都采用最好的材料做菜单的封面，有的甚至用软羊皮印上各种美丽的花纹，显得格外典雅精致。

第二个是"Music"(音乐)

豪华高级的西餐厅要有乐队，且讲究乐声的"可闻度"，即声音要达到"似听到又听不到的程度"。

第三个是"Mood"(气氛)

西餐厅中要有洁白的桌布，有鲜花摆放，所有餐具一定要洁净。

第四个是"Meeting"(会面)

吃西餐主要是为了联络感情，很少在西餐桌上谈生意。

第五个是"Manner"(礼俗)

吃西餐时要遵循西方习俗，勿有唐突之举。

第六个是"Meal"(食品)

中餐以味道为核心，西餐则以营养为核心。

问题

1. 根据你对西餐的了解，西餐的礼仪有哪些？
2. 西餐厅中播放或现场演奏乐曲的"可闻度"具体指什么？

情景简析

1. 西餐中有女士优先的原则，无论是拉椅让座还是菜单点菜，都要以女士为优先。

2. “可闻度”是指西餐厅播放或现场演奏乐曲的音量要刚刚好，让客人在与友人集中精力聊天时，不被音乐打扰，而当他们想放松下来听音乐时，又能听得到旋律。

知识描述

一、西餐的概念和发展

（一）西餐的概念

西餐是对西方各国菜点和餐饮文化的统称。

（二）西餐的发展

古代西餐

（1）公元前 1000 年左右，古埃及人已学会制作面包与蛋糕，并开始用盐调味。

（2）公元前 5 世纪，古希腊出现煎、炸、烤、焖、蒸、煮等烹饪方法。

（3）公元前 2 世纪，饭后甜点已出现在古罗马帝国。

↓

中世纪西餐

（1）15—17 世纪，意大利名菜以及奶酪和沙司的烹饪方法传到了法国，东方的香料和无花果、杏仁等也被欧洲各地广泛使用。

（2）17 世纪末，刀、叉、匙开始出现在欧洲人的餐桌上。

（3）17—18 世纪，咖啡和茶传入欧洲，欧洲出现了小餐厅和咖啡店，烹饪艺术大师涌现。

↓

近代西餐

（1）1900 年，米其林美食指南出版，加速了餐饮业的发展。

（2）1950 年后，西餐快餐业首先在美国兴起，而后遍及全球。

（3）20 世纪 60 年代，西方开始注重合理膳食，营养菜单开始走上餐桌。

二、西餐的传入和在我国的发展阶段

（一）西餐的传入

清朝乾隆时期，由于“十三行”（清政府指定专营对外贸易的垄断机构）对外贸易的缘故，广州的政、商界人士需要招待西方人，便引进了西方的菜肴。又因为我国古人以为中国就是世界的中心，把东方称为“夷”、西方称为“番”、北方称为“胡”、南方则称为“蛮”，于是便把当时的西餐称为“番菜”。

直到第二次鸦片战争后，清帝国的大门被完全打开，在天津、北京、上海等地西餐开始流行。随着时代的发展，东西方文化的不断撞击、渗透与交融，中国人已经逐渐了解西餐中各个

菜式的不同特点，并开始区别对待了。一些饭店也分别开设了法式餐厅、意式餐厅等，西餐作为一个笼统的概念逐渐趋于淡化，但西方餐饮文化作为一个整体概念继续存在。

中国人将这些大体相同而又与东方饮食迥然不同的西方饮食文化统称为西餐。

（二）西餐在我国的发展阶段

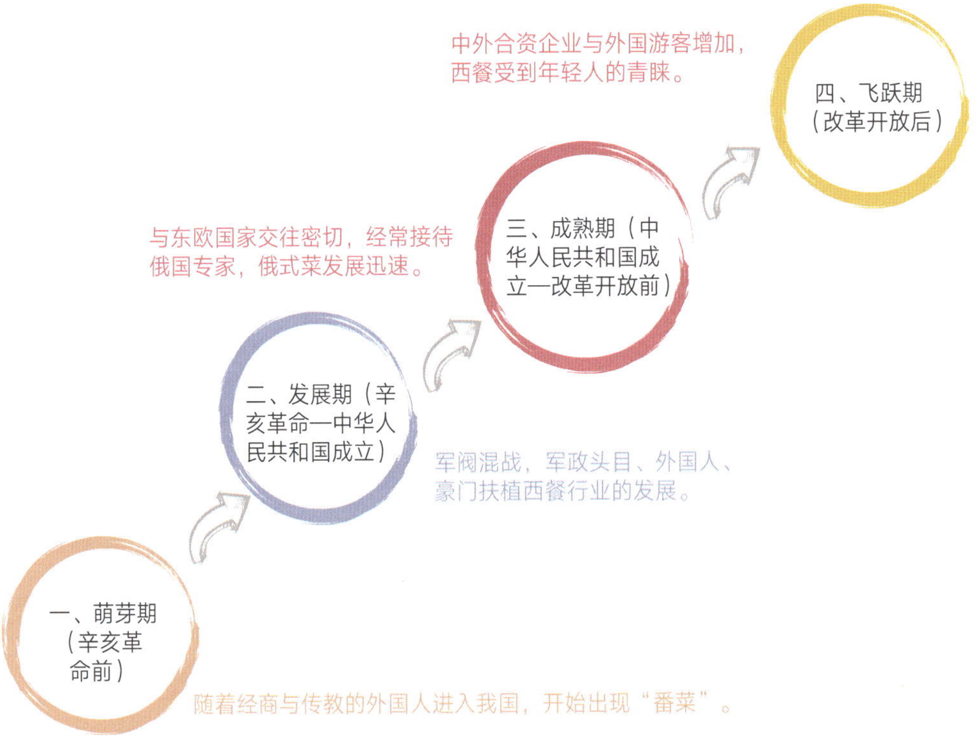

课堂悦读

广州第一家西餐厅“太平馆”

太平馆，位于广州市越秀区北京路 342 号，创立于 1885 年，是广州最早出现的音乐西餐厅。

1925 年周恩来和邓颖超在广州结婚后，曾在太平馆餐厅宴客。现如今，每天依然会有不少年轻人来到广州北京路的太平馆打卡吃饭。其明星菜式一直都是红烧乳鸽。

知识二 西餐的主要特点与菜系

情景导入

舍不得吃的艺术品

马上就到情人节了，小王想给他的女朋友小文做一个甜点。

首先，确定主题，表示爱情就用心形作为主形状；其次，配色以黑白来衬托红色，选了一个百搭的白盘，再加上黑色的巧克力棒和红黑相间的果酱做装饰；最后，把巧克力棒堆叠在小蛋糕上，产生立体效果，凸显出视觉的焦点为红心蛋糕。

问题

在西餐中，好的摆盘可以让人食欲一振，那摆盘需要注意哪些细节呢？

情景简析

摆盘的技巧有很多，如：多选用圆盘，多留白，留下想象空间；通过菜肴主配料的组合，做到层次分明；巧用酱汁或可食用果酱作画，以蔬菜、花草点缀；以几何造型为主，追求简洁明快的艺术效果。

知识描述

一、西餐的主要特点

西方各国的菜系都各具风格，但也有很多共通之处。总的来说，西式餐饮在原材料、烹调和服务方面具有鲜明的特点。

（一）原材料

（1）追求品质和新鲜，如生蚝、三文鱼、牛羊肉可生食或嫩食。
（2）在烹饪时大量使用奶制品和酒。

（二）烹调方法与技术

（1）注重营养。
（2）调料丰富，注重酱汁的制作。
（3）菜肴少量，以一人份为准，工艺考究。

（三）服务

（1）西餐厅环境优雅、温馨、浪漫，对就餐礼仪、言谈举止都有严格要求。
（2）每道菜都有对应的餐具，特殊菜肴，如蜗牛、鱼，还配有专用的餐具。
（3）上菜有一定的顺序。
（4）用餐过程中讲究酒水和食物的搭配。

二、西餐与中餐的简单对比

与中餐相比，西餐有以下几个鲜明的特点，如表 1-1 所示。

表 1-1　西餐与中餐的简单对比

内容	西餐	中餐
主食	肉类	米饭、面食
餐具	刀、叉、勺	筷子、勺
餐桌	方桌、长桌	圆桌
点菜	各点各的	大家共享
调味	注重酱汁	烹饪时完成
器皿	讲究、多样、注重摆盘	经济、实用、大小适中
餐具使用	每道菜都有配套的餐具	全程用筷子、勺
用餐过程	一道菜结束再上下一道	几道菜同时享用

三、西餐的主要菜系

西餐在欧洲传播发展以后，逐渐在各地形成了不同的特点。从地域上来看，西餐的菜系主要包括法国菜、意大利菜、俄罗斯菜、德国菜、英国菜与美国菜，如表 1-2 所示。

表 1-2　西餐的主要菜系

菜系	风味特点	代表菜肴
 法国菜	法国菜是现代西餐文化的代表。 **选料广泛。**牛羊肉、奶酪、海鲜、蔬果都能入菜。动物内脏、田螺都会在法国菜中出现。 **因料施技。**肉类烹调至六七成熟即可，海鲜烹调时须熟度适当，不可过熟。 **调味、用餐搭配酒。**在餐前饮用较淡的开胃酒；食用沙拉、汤及海鲜时，饮用白酒或白葡萄酒；食用肉类时饮用红酒；餐后则饮用少许白兰地。	红酒烩牛肉、鹅肝酱、诺曼底烩海鲜、焗蜗牛、牡蛎杯、普罗旺斯鱼汤等。
 意大利菜	意大利菜一度成为欧洲餐饮文化的代表。 **利用食材的自然风味。**烹饪讲究直接利用原料自身的鲜美味道。 **讲究火候的运用。**牛排要鲜嫩带血，烹调制成六七成熟即可；而意大利饭（risotto）、意大利面条习惯烹调至七八成熟有硬心食用。 **以米面做菜。**意大利人喜爱面食，制作面条有独到之处。这些面食既可做汤，又可做菜、做沙拉等。	比萨饼、炖牛骨髓、米兰式炸小牛肉、提拉米苏蛋糕、意大利面、罗马式炸鸡、奶酪焗通心粉等。
 俄罗斯菜	俄罗斯气候寒冷，人们多食用热量高的食物。 **重油味浓。**俄罗斯菜口味较重，喜欢用油，制作方法较为简单，以烤、熏、腌为主。 **冷菜丰富多样。**各种冷菜实际是指俄式小吃，其特点是生鲜、味酸咸。 **菜汤讲究。**俄罗斯汤种类很多，分为冷汤和热汤，但都少不了蔬菜。	罗宋汤、鱼子酱、冷酸鱼、红菜头汤、黄油鸡卷、奶油烤鱼、烩牛肉、香肠、巧克力凉糕等。
 德国菜	德国人对饮食没有那么讲究，不追求华丽的摆设。 **口味喜酸。**德国很多菜都带有酸味，焖酸白菜十分普遍，并且喜欢用醋腌制肉类后再去焖或炖。 **香肠入菜。**德国香肠的种类非常多，从猪肉到牛肉都能做成香肠。 **啤酒佐餐。**德国盛产啤酒，德国的啤酒品种约有 1 500 种，吃肉类和香肠都会以啤酒佐餐。	德国烤咸猪手、火腿腌猪排、法兰克福香肠配豌豆汤、纽伦堡烤肠配酸菜和土豆泥、醋焖牛肉、黑森林火腿、8 字形面包、葡萄酒浸鲤鱼等。
 英国菜	英国菜选用优质的原料，烹饪时尽可能保持其原有的质地和风味。 **清淡少油。**英国菜烹调讲究鲜嫩，口味清淡，多使用蒸、煎、炸的烹饪方法。 **钟爱肉类。**海鲜较少，选材一般以牛羊肉、禽类为主。	炸鳕鱼配炸马铃薯、烤牛肉配约克郡布丁、惠灵顿牛肉、皇家奶油鸡、土豆烩羊肉、牛尾汤等。
 美国菜	美国菜的快餐特性比较明显，追求快捷方便，也不奢华，比较大众化。 **水果入菜。**美国由于盛产水果，无论是沙拉还是热菜，使用水果很普遍，比如香蕉、苹果、梨、橘子、菠萝等。 **选料丰富。**美国由于横跨大西洋和太平洋，物产丰富，因此食材也非常丰富。 **注重健康。**注重使用高质量无污染的食材，深海海鲜刺身和半熟牛肉深受美国人喜爱。	得州烤排骨、手撕猪肉、三明治、姜汁橘酱鱼片、美式螃蟹杯、菠萝焗火腿、沙拉酱鱿鱼卷等。

四、西餐的旁支菜系

除主要菜系外，西餐中还有一些旁支菜系，如表 1-3 所示。

表 1-3　西餐的旁支菜系

菜系	风味特点	代表菜肴
 墨西哥菜	墨西哥菜口味重，颜色多，以酸辣为主。玉米和辣椒是墨西哥人不可缺少的食品。	墨西哥玉米片、墨西哥玉米卷、墨西哥小肉、托底拉汤、Taco（玉米薄饼卷）等。
 瑞士菜	瑞士是生产优质巧克力和奶酪的国家。用奶酪入菜是瑞士的标志，其中芝士火锅就很有代表性。	巴塞尔式烤粉汤、玉米粥配炖牛肉、苏黎世式小牛肉等。
 葡萄牙菜	葡萄牙菜最大的特色是以咸鲜味为主。 葡萄牙盛产海鲜，海鲜菜肴十分有名。	葡式海鲜大杂烩、葡式酿蟹盖、葡式鸭饭、腌鳕鱼、葡式蛋挞等。
 西班牙菜	西班牙菜的特点是清香健康，主菜以鱼和米等材料为主。西班牙火腿享誉全球。	西班牙凉汤、伊比利亚火腿、马德里肉汤、梨子煮鸭、龙虾煮鸡、兔肉蜗牛烩等。

课堂悦读

欧美人为什么偏爱牛肉

古时候的欧洲，上层社会的贵族们认为猪肉和羊肉是平民食用的肉，而牛肉这种比较少见且珍贵的肉类才配得上他们的身份，于是牛肉就变成了贵族们食用的高级肉。

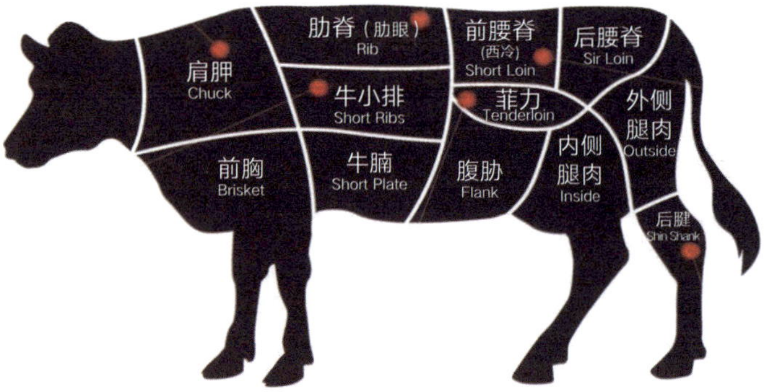

此外，牛肉所提供的能量比猪肉和羊肉都要高，而欧美人普遍身材高大，所需的能量较多，于是他们就选择牛肉为主要肉类，令他们的身体更加强壮和健康。

知识三 西餐菜单与菜式的烹饪方法

情景导入

小琳和家人一起到德国旅行，虽然小琳懂英文，但她发现很多西餐厅的菜单上还保留着法语、意大利语或德语的词汇。有一次，小琳想吃牛扒，看到菜单上写着“Steak Tartar”，她认识“Steak”牛扒这个单词，于是就下单点了两份。当服务员把菜端上来时，小琳大吃一惊，盘子里居然只装着剁碎的生牛肉和一个生蛋黄，对于不吃生食的她来说简直就无从下口。最后，小琳还需再点其他的东西来填饱肚子。

问题 小琳为什么会出现如此尴尬的情况？

情景简析

西餐的学习需要多了解当地的文化、菜式及其特点和原料，比如上面提到的 Steak Tartar（鞑靼生牛肉）、Foie Gras（鹅肝）保留了法语的原文，Pasta（意大利面）则包括了长面和短面，每一种样式的意大利面都有其独特的名字。

知识描述

一、西餐菜单的种类

每个餐厅或饭店都会有自己的菜单。菜单的形式多种多样，可以写在一张卡纸上面竖在餐桌上，也可以抄在小黑板上然后挂在墙上，还可以直接把菜单印在餐桌的台垫上。根据不同的标准，可将西餐菜单分成不同的种类。

（一）按就餐时间分类

早餐菜单：包含面包、糕点、吐司、鸡蛋、沙拉、腌肉、香肠、培根、咖啡、茶、牛奶、果汁等，分为欧陆式早餐和美式早餐。

正餐菜单：一般会包含开胃菜、汤类、汉堡包或三明治、肉类（扒类）、面食类（如意大利面、比萨饼）、海鲜或鱼类、甜品等。

夜宵菜单：包含汉堡包或三明治、面食类、扒类等。

（二）按餐饮的品种分类

菜品菜单：列有菜肴名称、制作原料、价格等服务内容，以供顾客挑选，如图 1-1 所示。

饮料菜单：列有酒品、饮料、价格和图片等信息。一般包括三类：软饮类、纯饮烈酒类、鸡尾酒类。

餐酒菜单：列有世界各地的葡萄酒信息，包括种类、年份、国家、价格等，如图 1-2 所示。

甜品菜单：列有甜品名称、材料、制作方法、图片等信息。

图 1-1　菜品菜单

图 1-2　餐酒菜单

（三）按服务地点分类

餐厅菜单：所列的菜品比较全面、丰富，能反映出餐厅烹饪的制作风格和水平。

酒吧菜单：所列的一般为饮品，包括酒精饮品和非酒精饮品，也会包含一些简单的佐饮零食和餐食，如汉堡包或三明治等，如图 1-3 所示。

送餐菜单：一般为酒店供住店客人使用，列有餐厅部分菜品、价格和送餐时间等信息。

（四）按服务方式分类

零点菜单：顾客依据自己的喜好选取自己中意的菜肴品种。

套餐菜单：餐厅一般固定搭配好三四道菜肴和汤，顾客不能换选，价格比零点菜品要优惠，如图 1-4 所示。

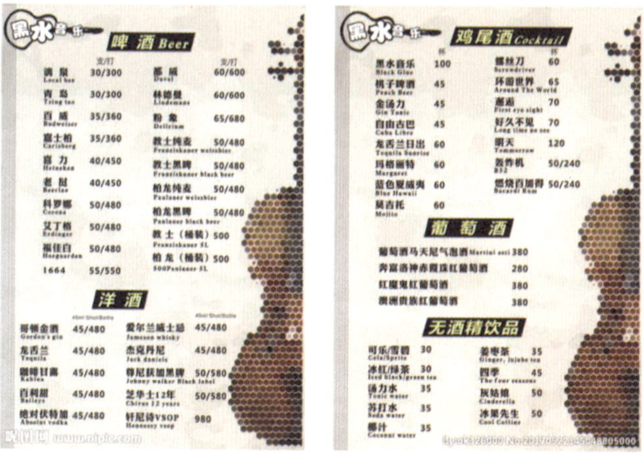

图 1-3　酒吧菜单

图 1-4　套餐菜单

二、正式西餐一席菜的组成

基于西餐的用餐习惯，正式西餐一般由五道菜组成：头盘（Appetizer）、汤（Soup）、主菜（Main Course）、甜品（Dessert）、咖啡 / 茶（Coffee/ Tea），如表 1-4 所示。

表 1-4　正式西餐的组成

名称	特点	经典菜式
 头盘	分量较少，原料多采用蔬菜、贝类等海鲜、风干火腿或是鹅肝等。头盘主要起到开胃的作用，分为冷头盘和热头盘	凯撒沙拉、焗蜗牛、风干火腿、鹅肝、鱼子酱
 汤	西餐的汤主要分为两大类，即清汤和浓汤	法国洋葱汤、牛肉清汤、意大利蔬菜汤、奶油蘑菇汤、海鲜汤、罗宋汤
 主菜	主菜是西餐中的大菜，注重对色、香的要求。主菜的用料极广，最常见的主菜为扒类	扒类如：T 骨牛扒、西冷牛扒、肉眼牛扒、羊扒； 经典的面食类如：意大利青面、意大利面
 甜品	西餐中的甜品一般作为餐后的点心，分量小，但品种丰富且式样美观	香蕉船、黑森林蛋糕、提拉米苏蛋糕、红丝绒蛋糕、水果布丁、慕斯蛋糕
 咖啡 / 茶	咖啡 / 茶是西餐中必不可少的，在正式的宴请当中，宾客们会拿着咖啡或茶去感谢主人的热情款待	蓝山咖啡、摩卡咖啡、英国红茶、英国绿茶

三、西餐的主要烹饪方法

西餐中运用的主要烹饪方法有煎、炸、煮、焖、炒、烤、烩、焗、铁扒、串烧等，各烹饪方法具有不同的特点和代表菜品，如表 1-5 所示。

表 1-5　西餐的主要烹饪方法

主要烹饪方法	特点	代表菜品
 煎	煎可以分为清煎、软煎等	葡式煎鱼、 煎小牛肉、 意式煎酿猪排等
 炸	炸可分为清炸、面包糠炸、面糊炸等	炸鱼条、 炸鸡腿、 炸黄油鸡卷等
 煮	煮制菜肴具有清淡、爽口的特点，同时保留了原料本身的鲜味和营养	煮鸡蛋、 煮牛肉蔬菜、 柏林式猪肉煮酸白菜等
 焖	焖制成熟的菜肴能把各原料的味道融合，具有酥软香嫩、滋味醇厚的特点	焖羊肉、 意式焖牛肉、 乡村式焖松鸡、 苹果焖猪排等
 炒	在炒的过程中一般不加汤汁，所以炒制菜肴具有脆嫩鲜香的特点	俄式牛肉丝、 炒猪肉丝、 蘑菇沙司等
 烤	烤制菜肴时火力均匀，菜肴有一定的特殊风味，但丧失水分较多，对营养有较大的破坏	烤火鸡、 烤牛外脊、 烤比萨等
 烩	烩制菜肴用料广泛（肉、禽、海鲜、蔬菜等），具有口味浓郁、色泽鲜亮的特点	香橙烩鸭胸、 咖喱鸡、 烩牛舌等
 焗	焗制菜肴因带有沙司而具有质地鲜嫩、口味浓郁的特点	焗小牛肉卷、 焗羊排、 丁香焗火腿等

续表

主要烹饪方法	特点	代表菜品
 铁扒	扒制菜肴宜选用质地鲜嫩的原料，具有香味明显、汁多鲜嫩的特点	西冷牛扒、 铁扒里脊、 铁扒比目鱼等
 串烧	串烧菜肴具有外焦里嫩、色泽红褐、香味独特的特点	羊肉串、 杂肉串、 海鲜串等

西餐除了以上主要的烹饪方法外，还有以下常用的烹饪方法：

（1）浇汁（Baste）：在烧煮食物时将锅内本身的汤汁淋在食物上，以使食物的味道均匀，并可将汤汁收干。

（2）冰镇（Chilled）：用冰块或冰箱迅速使食物降温。如冰镇鱿鱼，如图 1-5 所示。

图 1-5　冰镇鱿鱼

（3）稠滑（Cream）：将混合的原料搅拌在一起，使其成乳脂状。

（4）面包屑（Crumb）：在食物外表沾上面包屑，通常用于油炸食物。

（5）点火（Flambe）：将酒精度高的烈酒淋在食物的表面，然后将酒点燃。

（6）磨碎（Grate）：将食物在带孔的研磨板上摩擦，用磨板上突起的小孔将食物切成不规则的碎条状，如磨碎芝士、胡萝卜等。

（7）卤制（Marinate）：用预先调制的汤汁浸泡食物，使食物吸收汤汁的味道。

（8）腌制（Preserved）：用预先调制好的汤汁浸泡食物，一般需要较长的时间，如腌菜。

（9）熏（Smoke）：烹制食物时将食物置于烟中，使食物带有烟熏的味道。如烟熏三文鱼，如图 1-6 所示。

图 1-6 烟熏三文鱼

课堂悦读

法国鹅肝

法国鹅肝作为法国的传统名菜，与鱼子酱、松露并称为世界三大美味。法国鹅肝不仅口感鲜嫩，而且具有极高的营养价值。

这道名菜的原料来之不易，首先是精心挑选在春天出生的鹅，用混合了麦、玉米、脂肪和盐的饲料进行“填鸭式”喂养，这样出产的鹅肝才会富有营养、味道上乘。

知识四 西餐厅的种类

情景导入

小李最近想投资开一家西餐厅，但他对西餐厅了解甚少。最终他将地址选在了一家大型商场内，楼上有很多公司，每天都会有很多年轻人和企业管理人员经过。餐厅主打性价比高的牛羊扒，也提供一些可打包的汉堡和特色三明治，还有创意饮品，适合年轻人打卡拍照。装修时，针对消费群体和产品特色，为客人打造一个舒适、干净的环境。

问题

小李所要开的西餐厅属于哪种西餐厅？

情景简析

由于小李的目标客户是年轻人与企业管理人员，满足企业人员商务早餐与午餐的需求，以快速、健康、美味为主，不需要高档的装修与精美的菜式；而年轻人喜欢打卡拍照，在装修中加入青春元素，饮品有创意特色就能形成氛围，因此该西餐厅的定位应该是休闲餐厅。

知识描述

如今，各式各样的西餐厅如雨后春笋般涌现，从休闲的餐吧到豪华的星级酒店西餐厅，都能以各自的特色来满足不同需求的客人。

一、根据经营和服务内容分类

根据西餐厅经营和服务内容的不同，可以大致将西餐厅分为以下几种。

（一）餐吧（Dining Bar）

餐吧是指将特色正餐和休闲氛围相结合的场所。这类餐厅常常有明显的主题特色，如古典餐吧、音乐餐吧、机车餐吧等。

（二）休闲餐厅（Casual Dining）

休闲餐厅是指为客人提供正餐和上、下午茶并供客人休闲和社交的场所，在国内也被称为茶餐厅。如图 1-7 所示。

（三）咖啡厅（Coffee Shop）

国外的许多小咖啡店，一般都称为 Coffee Shop 或是 Cafe，许多国际性酒店进入中国后通常只设置一家西式餐厅，并把餐厅定位在咖啡厅的概念上。

（四）豪华西餐厅（Fine Dining）

这类餐厅的选址、设计、装修、色彩、光线、食物和服务都非常讲究，具有舒适优雅的环境，提供精美高档的菜式。如图 1-8 所示。

图 1-7　休闲餐厅

图 1-8　豪华西餐厅

二、根据地域特色分类

根据餐厅的地域特色，在国内最常见的西餐厅可分为五种，如图 1-9 所示。

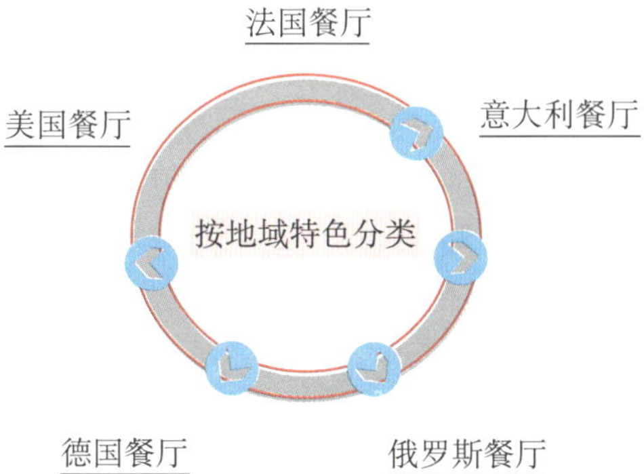

图 1-9　国内最常见的西餐厅

课堂悦读

日本“监狱餐厅”

近年来，日本开设了很多“奇葩”的餐厅，以满足很多人猎奇的想法，其中就有著名的“监狱餐厅”。

这家餐厅坐落在东京涩谷区，“监狱餐厅”，顾名思义，就是装修风格和用餐方式都还原了监狱的场景。这间餐厅的包间就是一个个监狱牢房，牢房中间是用铁栏杆分隔开的。顾客进去以后，牢房大门会被铁链锁起来。

服务员会把顾客的双手用手铐铐起来，让顾客体会到真正的牢房是怎么用餐的。上菜的服务员都是穿着工作服的“狱警”，上菜的时候会敲监狱大门，说“开饭了”。大门上有个专门放菜的地方，成品菜放在那里，里面的顾客直接端走就行，整个过程真的使顾客有身在监狱的感觉。如果顾客的饮料喝完了，想要加，“狱警”们会拿着很粗的针管，直接注射到顾客的餐具中，还有的顾客会要求换上囚犯的衣服用餐。总之，餐厅商家极尽所能还原真正的“监狱”，整个环境充斥着黑暗和压抑的感觉。

板块二

技能篇

知识目标

1. 了解西餐餐具及其用途，掌握端托、摆台、折花等西餐服务技能。

2. 了解餐酒知识，熟练掌握餐酒服务的操作技能。

项目一 西餐餐具及其用途

情景导入

在某高档饭店西餐厅里，客人吴先生见餐桌上的银质餐具非常精美，便顺手拿起一把银匙塞进了自己西装内侧的衣兜里。服务员在客人用餐快结束时，手拿一套包装精美的带有饭店店徽的餐具递给吴先生，说："先生，您好。听说您非常喜欢我们店的银质餐具，我们经理特意送给您一套，已经在您的账单上记下了。"就这样，服务员巧妙地让客人买了一套银质餐具，而且客人也顺势将口袋里的银匙拿了出来。服务员以自己高超的服务技能和应变技巧，在不伤害客人尊严的前提下，保护了饭店的利益，避免了珍贵餐具的丢失。

问题

西餐餐具种类繁多，应该如何对餐具进行有效的分类和管理？遇到客人拿取餐厅餐具时又该如何处理？

情景简析

在西餐厅，有时会发生客人拿取餐具的情况，作为服务员，应将餐具分门别类地保管好，遇到客人悄悄拿取时，服务员必须追回，但要注意方式和分寸。情景导入中服务员的处理方法得当，不失体面，讲究服务语言艺术。但是，让客人买下餐具的方法要慎用，应具体问题具体分析，以免客人误会。

任务一 西餐刀叉勺

| 任务描述 |

“工欲善其事，必先利其器”，服务员必须对自己每天接触的西餐餐具了如指掌。不同于中餐进食用筷子和汤勺，西餐讲究不同的菜品用不同的餐具。

| 任务目标 |

识别西餐常见刀叉勺的名称及用途，掌握其正确的使用方法；能够对不同种类的餐具进行清洁与保养。

| 任务准备 |

刀叉在英文中的专业名词为 cutlery，专指餐桌上使用的不锈钢或银制的用餐餐具。

一、不锈钢刀叉勺

不锈钢刀叉勺主要有牛排刀、正餐刀、鱼刀、鱼叉、汤匙、开胃品叉、甜点叉、甜点匙、服务叉和黄油刀等，如表 2-1-1 所示。

表 2-1-1　不锈钢刀叉勺的分类

餐具	用途	图例
牛排刀	用于吃牛排，比正餐刀锋利，有锯齿状刀刃	
正餐刀	用于吃西餐主菜，长约 20 厘米，与正餐叉搭配使用	
正餐叉	吃主菜时与正餐刀搭配，吃牛排时与牛排刀搭配，吃意大利面条时与汤匙搭配	
鱼刀 （Fish Knife）	专用于吃鱼类菜肴，刀刃与刀柄不在一条水平线上	
鱼叉	用于吃海鲜及鱼类的餐叉，叉齿尖且薄	
汤匙 （Soup Spoon）	用于吃汤类或米饭的餐勺，吃意大利面时左手拿匙，右手持叉	
头盘刀 （Salad Knife）	用于吃头盘及甜点的餐刀，又称开胃品刀	
开胃品叉	吃头盘时使用，又称头盘叉	
甜点叉 （Dessert Fork）	又称甜品叉，用于吃甜点的餐叉，又称沙拉叉或小餐叉，也作儿童餐叉	

续表

餐具	用途	图例
甜点匙	又称小餐匙、甜点勺，可作儿童餐匙，用于吃甜点	
黄油刀 （Butter Knife）	用于涂抹黄油、果酱等，外形似鱼刀，比鱼刀小	
蜗牛叉	用于挑出蜗牛肉、田螺肉，与蜗牛夹搭配使用	
蜗牛夹	用于固定蜗牛壳、田螺壳，与蜗牛叉搭配使用	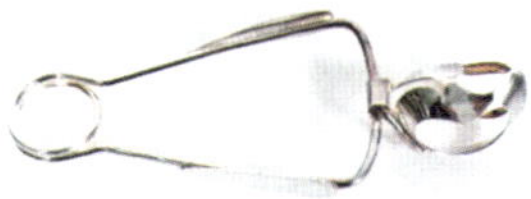
龙虾钳	用于压碎龙虾壳或螃蟹壳，与龙虾叉搭配使用	
服务匙	最大的匙，又称分菜匙，与服务叉搭配用于分菜	
服务叉	最大的叉，又称分菜叉、派餐叉，用于桌边分菜服务	
茶勺 （Tea Spoon）	用于喝咖啡、茶时搅拌糖和奶	

二、刀叉与菜式的搭配

吃沙拉使用甜点刀、甜点叉；吃汤类全部用汤匙；吃鱼类全部用鱼叉和鱼刀。

吃龙虾和牛柳时直接用吃牛柳的餐具（正餐叉和牛排刀），而无须用吃龙虾的专用器具。

在餐厅吃三明治、汉堡包、比萨时应摆上正餐刀和正餐叉。

吃蛋糕时需使用甜点匙和甜点叉；吃冰激凌时用小餐匙即可。

服务客人喝咖啡和茶时需提供茶勺，用来调和加入咖啡和茶中的砂糖和牛奶。

使用刀叉时，将叉放在左边，将刀放在右边；但在配合使用甜点叉勺时，要将甜点勺放在左边，而将甜点叉放在右边。

三、不锈钢刀叉勺的清洁保养方法

清洗不锈钢刀叉勺时应与玻璃及陶瓷类餐具分开。

先将用过的不锈钢刀叉勺送进洗涤区，用专业清洁剂浸泡 15 分钟左右，除去附着的油污；

接着将餐具捞起，用高压水柱冲洗，再送进洗碗机清洗。

经过清洁、冲洗、高温消毒、烘干后，用消毒过的餐巾进行擦拭及分类。

擦拭干净的刀叉勺应分类摆放在特定的盒子或抽屉中，可使用垫布，以防止其滑动和互相碰撞，并要注意定期更换清洗垫布。

任务实训

1. 将实训室中现有的刀叉勺分类摆放于实训桌上，以组为单位，组员准确说出每个不锈钢刀叉勺的名称及用途，并示范其使用方法。

2. 在老师的带领下清点及擦洗不锈钢刀叉勺，营造良好的实训环境。

3. 辨认餐具比赛：分组，组长拿出西餐刀叉勺，由组员进行辨认，得分最高者代表小组参加全班的比赛。

任务评价

评价内容	评价要点	学生自评		学生互评		教师评价	
		分值	得分	分值	得分	分值	得分
识别刀叉勺	识别刀叉勺的名称及用途	20		20		20	
	刀叉勺的使用方法	20		20		20	
	刀叉勺的英文名称	20		20		20	
刀叉勺的清洁保养	正确擦洗刀叉勺	20		20		20	
	将刀叉勺分门别类入柜摆放	20		20		20	

拓展延伸

如何选购西餐餐刀

早在石器时代，人类祖先就开始用石刀作为工具，将石刀挂在腰上，用来割烤肉，也用来御敌。现代，餐刀是餐具的重要组成部分。在挑选时，应注意餐刀开齿要均匀，使用便利，表面不可有缺口、棱角、断裂、锐边等，除刀齿外，其他部位不能有利口。餐刀也可作为装饰品，应根据餐厅的装饰条件来挑选或定制餐刀。

任务二 玻璃、陶瓷器皿

| 任务描述 |

实习生小茹跟着经理熟悉西餐厅环境，只见各种玻璃器皿在璀璨灯光的映衬下晶莹剔透，光泽明亮，小茹恍惚间感觉像走进了水晶宫殿，她暗暗下决心要努力工作，通过考核。

| 任务目标 |

掌握玻璃、陶瓷类餐具的用途，能对玻璃、陶瓷器皿进行日常的清洁保养。

| 任务准备 |

西餐中所说的玻璃器皿（Glassware）是对所有以玻璃制成的餐具的统称，包括酒杯、酒壶、茶杯、茶壶等。玻璃餐具大多用吹制、压制的方法成形，具有硬度高、透明光亮、清洁卫生、性质稳定等优点。

西餐中常用的杯子大体可分为两大类：一类是高脚杯（Goblet）；另一类是平底杯（Tumbler）。一般来讲，高脚杯在比较正式的场合使用，例如西餐宴会；平底杯多用于比较休闲的场合，比如酒吧、咖啡厅等。

一、常见的玻璃器皿

（一）玻璃器皿的种类

玻璃器皿的种类如表 2-1-2 所示。

表 2-1-2 玻璃器皿的种类

玻璃器皿及其用途	图例	玻璃器皿及其用途	图例
鸡尾酒杯（Cocktail Glass）：用于盛放鸡尾酒，握柄细长，上方呈三角形。鸡尾酒一般需要冰镇处理，所以饮用时手不能直接接触杯身		古典杯（Old Fashioned Glass）：用于盛放加冰的烈酒及古典鸡尾酒的杯子。杯身宽而短，杯壁厚，杯体矮，高度一般不超过 10cm，容量大致为 250mL	

续表

玻璃器皿及其用途	图例	玻璃器皿及其用途	图例
甜酒杯（Liqueur Glass）：用于盛放利口酒和餐后甜酒。甜酒多在饭后少量饮用，故甜酒杯不需要太大		水杯（Water Glass）：用于盛放冰水和矿泉水的杯子	
白葡萄酒杯（White Wine Glass）：用于盛放白葡萄酒的杯子，形状类似红葡萄酒杯，但杯口和容量略小，细颈较长		红葡萄酒杯（Red Wine Glass）：高脚杯，杯身细而长，杯肚略大，口向内缩，其高脚酒杯的形状，可隔绝手和杯身的温度，也便于品酒	
笛形香槟杯（Champagne Flute）：又称郁金香杯，杯底向下收缩为尖点，杯身较窄，杯沿向内收拢，以使气泡不易散失		白兰地杯（Brandy Glass）：用于盛放净饮白兰地，大肚矮杯，杯口向内缩，饮用时手掌托杯，手温使酒香蕴积在杯中，让过度的酒精挥发	

（二）玻璃器皿的使用惯例

认识玻璃器皿的使用惯例对于开展西餐服务具有重要意义，这些惯例包括：

（1）加冰块的酒应该使用古典杯。

（2）早餐时段尽量用平底杯，因为早餐时段人流量会比较大，使用平底杯较安全。

（3）特定酒必须用特定的杯子，不可轻易改变惯例，比如喝白兰地必须用白兰地杯，喝香槟必须用香槟杯（可选用宽口香槟杯或笛形香槟杯）。

（4）在正式的宴会场合，摆台时应统一使用高脚杯。

（5）鸡尾酒可以使用任何杯子盛放。

（三）玻璃器皿的擦拭

用消毒过的餐巾包住杯子底部并用左手托住；用右手取消毒餐巾的一角包住杯口，右手食指伸入杯内，其余四指夹住杯身，沿杯口左右来回擦拭；左手同时以反方向来回擦拭杯底座。

二、常见的陶瓷器皿

瓷器在英文中的单词为 china，chinaware 是对陶瓷用具的统称。不同质地、色彩和图案的陶瓷器皿反映了餐厅的档次和规格，许多餐饮企业在定制陶瓷器皿时往往将本餐厅的标志或店徽印在上面。较为常用的瓷器是骨瓷，它是一种优质、坚硬、昂贵的瓷器。陶瓷器皿的种类如表 2-1-3 所示。

表 2-1-3 陶瓷器皿的种类

陶瓷器皿及其用途	图例	陶瓷器皿及其用途	图例
面包碟（B&B Plate）：直径 15cm 左右，用于摆放面包、芝士、蛋糕等，与黄油刀并用		**主餐盘**：用于盛放主菜	
装饰盘：直径一般 25cm 左右，可用作摆台时的摆放盘，偶尔也在服务时做底盘用。在摆台时可作为餐具摆放定位用，摆放在餐位居中位置		**汤碗**（Soup Cup）：用于盛放汤类 **汤碗底碟**（Soup Cup Saucer）：用作汤碗的垫碟，上汤时应托住底碟送到客人餐桌	
鸡蛋杯（Egg Cup）：用于盛放早餐的煮鸡蛋	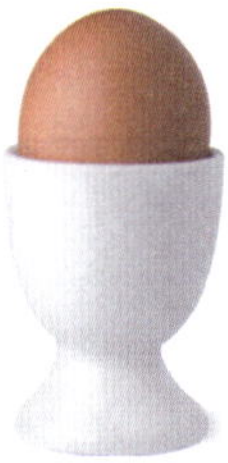	**咖啡 / 茶杯**（Coffee/ Tea Cup）：用于盛放热咖啡及热茶 **咖啡 / 茶杯底碟**：用作咖啡 / 茶杯的底托，上咖啡 / 茶时应托住底碟一起送到客人餐桌	
英式茶壶（Tea Pot）：用于盛放英式红茶		**糖盅**（Sugar Bowl）：用来盛放砂糖或糖包，上咖啡时并用	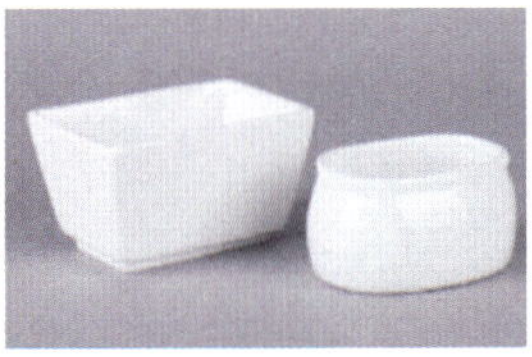
奶缸（Creamer/Milk Jug）：用于盛放咖啡或茶的伴奶		**椒盐瓶**：用于盛放盐和胡椒，多孔的为胡椒瓶，少孔的为盐瓶	

任务实训

1. 将实训室中现有的玻璃及陶瓷器皿分类摆放于实训桌上，以组为单位，组员准确说出每个器皿的名称及用途，并示范其使用方法。

2. 在老师的带领下清点及擦洗玻璃及陶瓷器皿，在操作过程中，做到轻拿轻放、操作卫生，无餐具落地、翻盘、打碎等失误。

任务评价

评价内容	评价要点	学生自评		学生互评		教师评价	
		分值	得分	分值	得分	分值	得分
识别玻璃器皿	说出玻璃器皿的名称	10		10		10	
	讲明常见玻璃杯的使用方法	10		10		10	
识别陶瓷器皿	说出常见陶瓷器皿的名称	10		10		10	
	说出陶瓷器皿的用途及搭配	20		20		20	
器皿的清洁保养	清洁玻璃、陶瓷器皿并消毒	20		20		20	
	用正确的手法擦拭玻璃杯	10		10		10	
	将玻璃、陶瓷器皿分门别类地入柜摆放	20		20		20	

拓展延伸

法式蜗牛怎么吃

法式蜗牛是一道开胃菜，由法国蜗牛混合蒜、欧芹、奶油烹制而成。蜗牛肉肥厚、柔软、鲜甜，高蛋白又低脂肪，是餐桌上高品位的象征。

吃法式蜗牛时，餐厅会自动为客人配备蜗牛夹和蜗牛叉。具体用法是：用右手拿蜗牛夹夹住蜗牛壳，左手用蜗牛叉将蜗牛肉挑出食用。

蜗牛最好趁热吃，这样蜗牛肉才会比较容易从壳内取出。只要熟练使用蜗牛夹和蜗牛叉，即使是蜗牛这样的带壳动物，吃起来也可以姿态优雅。

任务三　西餐服务用具

| 任务描述 |

某西餐厅VIP客户李先生预定于某周六晚上在西餐厅露台上举办烛光晚餐，以庆祝和李太太结婚五周年，要求用长形桌、欧式烛台，用铺满玫瑰花的酒篮装红葡萄酒，以钢琴曲作为背景音乐，并要求有客前烹制表演，以增加用餐愉悦感。为迎接李先生夫妇的到来，服务员应该准备哪些西餐服务用具？

| 任务目标 |

识别常见的西餐服务用具，掌握常见西餐服务用具的使用方法。

| 任务准备 |

西餐服务用具常见的为不锈钢类服务用具和服务用车，这些服务用具在方便服务员工作的同时还能使客人产生尊贵的用餐体验。

西餐中有着特别功能的服务用具称为 holloware，通常包括不锈钢或银器制成的服务用具及服务用车两类。

一、不锈钢类服务用具

不锈钢类服务用具通常有以下几种（见表 2-1-4）：

酒篮（Wine Holder），用于盛放红葡萄酒。

冰酒桶（Wine Cooler），用于盛放白葡萄酒。

烛台（Candle Light），用于展示蜡烛。

柠檬夹（Lemon Squeezer），用于盛放柠檬块，便于挤出柠檬汁。

保温壶（Thermos Pot），用于盛放热水、热咖啡和热茶。

咖啡壶（Coffee Pot），大约可装 8 ~ 9 杯手工咖啡，可将咖啡保温半个小时以上。

洗手盅（Finger Bowl），使用时装六分满的水即可，并放入几片柠檬片或花瓣。

汁船（Sauce Boat），用于盛装各种调味汁。

表 2-1-4　常见的不锈钢类服务用具

酒篮	冰酒桶	烛台	柠檬夹
			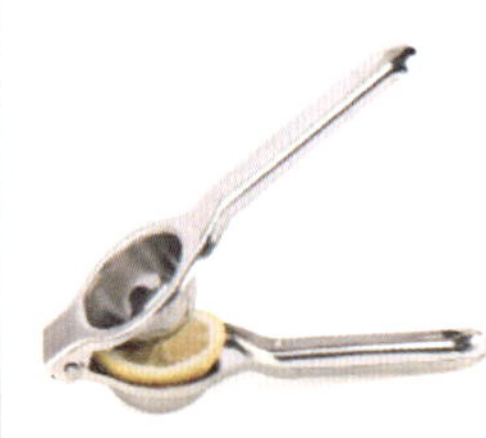

续表

保温壶	咖啡壶	洗手盅	汁船
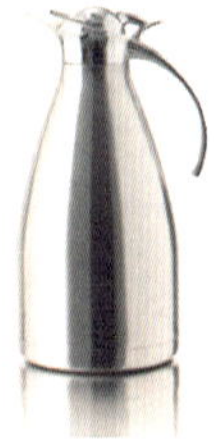			

二、服务用车

常见的服务用车如表 2-1-5 所示。

表 2-1-5　常见的服务用车

服务用车及其用途	图例	服务用车及其用途	图例
服务手推车：用于分派、传送菜肴及餐具等		切割车：常见于西餐自助餐服务，用于保温及切割大块肉制品	
客前烹制车：也称燃焰车，用于客前燃焰和烹制表演		沙拉车：用于摆放供客人选择的各种沙拉	
甜品车：用于展示各种蛋糕、甜食		餐后酒车：用于陈列及销售各种餐后甜酒、白兰地等，配有相应的酒杯和冰块	

任务实训

1. 辨别服务用具抢答：以小组为单位上网查找各种西餐服务用具的图片，在班上开展看图抢答的游戏。

2. 在老师的示范下学会使用保温壶、咖啡壶、酒篮，并学会组装烛台和蜡烛。

任务评价

评价内容	评价要点	学生自评		学生互评		教师评价	
		分值	得分	分值	得分	分值	得分
识别不锈钢类服务用具	说出不锈钢类服务用具的名称	25		25		25	
	能够介绍各不锈钢类服务用具的用途	25		25		25	
识别服务用车	说出常见服务用车的名称	25		25		25	
	说出各服务用车的用途	25		25		25	

拓展延伸

常见的餐具消毒方法

餐具的消毒方法有以下几种：

（1）蒸汽消毒法：将清洗干净的餐具放入蒸汽箱中，使机器温度升至 100℃以上，消毒 10 分钟左右。

（2）消毒柜消毒法：将洗涤干净的餐具放入红外消毒柜中，温度一般设置为 120℃左右，消毒约 15 分钟。

（3）煮沸消毒法：将清洗干净的餐具放入沸水中，煮沸 5 分钟左右。

（4）化学消毒法：使用化学消毒剂对餐具进行消毒。注意餐具消毒完毕后应使用流动水清除残留的消毒液，去除异味。

（5）洗碗机消毒：大型西餐厅可采用洗碗机消毒。使用时应注意餐具的摆放要符合规定，水温控制在 80℃左右，消毒完毕后应进行人工检查。

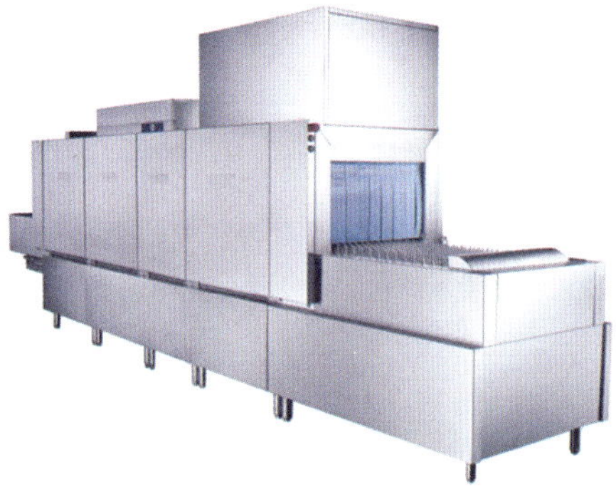

项目二 西餐摆台技能

情景导入

李先生为庆祝自己的升职，请了几位朋友在西雅图西餐厅用餐。落座时，几位友人想让李先生坐在主位上，但大家都不确定哪个座位才是主位，其中一位年轻的女士说道："我们可以看餐台上的盘花呀！折叠得最高的肯定就是主位了。"大家的目光聚集到桌面上，咦，怎么桌上的盘花都一样高呢？李先生意识到这位女士可能会尴尬，于是找来服务员小钟了解情况，小钟心想："糟糕，遇上懂行的人了。都怪自己偷懒，为了省时间就没折叠主位的高花，害这位女士尴尬。"小钟手心都惊出了冷汗，但他故作镇定地打圆场说："先生真是行家，您和这位女士说得没错，高花代表主位。很荣幸我们的餐台得到诸位的关注，请允许我现场演示下主位高花的折叠，也祝大家的工作步步高升。"小钟麻利地折了一个高花放在李先生的面前，气氛一下子轻松起来。

问题

小钟在工作中有哪些疏忽？以后应注意什么？

情景简析

餐巾花的花形可以表示客人的不同身份。虽然大多数客人不一定具备识别餐巾花的专业水平，但如今客人们对西餐文化的了解越来越深入了，因此，服务员绝不能为了图省事而忽略餐前准备的细节。对服务细节的关注是每个服务员应具备的工作态度和职业习惯。

在工作中，服务员不能因为客人不了解或领导不检查而放松对自己的要求。情景导入中的小钟在客人提出疑问后能随机应变，化解尴尬，一定程度上弥补了自己的过错。

任务一　托盘的使用

| 任务描述 |

周末，小明跟随父母到当地一家著名的西餐厅用餐，该餐厅采用法式浪漫风格布置，装饰典雅华丽。小明一进门就被乐池内的小乐队吸引了，他们正在弹奏着古典名曲。落座后，小明看到穿着燕尾服的服务员手托银质托盘穿梭在餐厅中，时不时俯下身子上菜，简直就是个翩翩绅士，这激发了小明对托盘使用的浓厚兴趣。

| 任务目标 |

掌握轻托的使用技能，能熟练进行轻托行走并灵活使用托盘对客服务。

| 任务准备 |

托盘是西餐服务工作中运送各种物品的常用工具之一，熟练掌握托盘的使用技能可以提高服务质量和工作效率。

一、托盘的种类

（一）按材质分类

按材质的不同，托盘大体上可分为金属托盘、胶木托盘和塑胶托盘，其特点如表 2-2-1 所示。

表 2-2-1　不同材质托盘的特点

托盘种类	特点	图例
金属托盘	金质、银质托盘用于高档豪华餐厅或特色餐厅，但造价高；不锈钢托盘不具有防滑功能，需配合垫布使用	
胶木托盘	轻便耐用、防滑防腐、结实美观	
塑胶托盘	用塑料制作，价格低廉、耐磨、使用广泛	

（二）按形状分类

按形状的不同，托盘可分为圆形托盘、长方形托盘、正方形托盘、特殊形托盘等。

（三）按规格分类

按规格的不同，托盘可分为大号（45 ~ 55cm）、中号（35 ~ 40cm）、小号（30cm 以下）。其用途如表 2-2-2 所示。

表 2-2-2　不同规格托盘的用途

托盘规格	形状	用途
大号、中号	长方形	装运盆碟、菜点、酒水等较重的物品
大号、中号	圆形	摆台、展示酒水、斟酒、上饮料、上菜等
小号	圆形	收款、递送账单和信件等

二、轻托的操作要领

轻托物品重量在 5kg 以内，操作时左手托盘，上臂自然下垂，与下臂垂直成 90°。掌心向上，用五指指尖及掌根部分托住盘底，掌心不接触盘底。

左手肘离腰部约 15cm 距离。

将托盘平托于胸前，稍低于胸部，盘面重心略向里侧以保持平稳。右手放于背后或自然下垂，禁止用右手扶托盘。

托盘时应做到“一松、二稳、三平”。一松：面部表情放松；二稳：身体姿势稳，盘内物品稳；三平：双肩平、托盘平、目光平。

三、托盘的使用步骤

使用托盘时要注意每个步骤的操作要领和注意事项，避免在操作过程中出现问题。托盘的使用步骤及注意事项如表 2-2-3 所示。

表 2-2-3　托盘的使用步骤及注意事项

步骤	操作要领及注意事项	图例
理盘	在工作台，将托盘内外擦拭干净，将清洁布折叠成小正方形，由外向内擦拭托盘；对于没有防滑功能的托盘，需在盘内垫上专用餐巾或垫布，防止物品在盘中滑动，垫布中心与托盘中心重合	

续表

步骤	操作要领及注意事项	图例
装盘	根据所托物品的重量、体积和使用的先后顺序合理装盘，确保重心平衡。物品之间要留有一定空隙，防止行走时碰撞发出声音，同时也便于拿放。原则上，应将高的、重的物品放在内侧，即靠近身体的一侧，轻的、矮的物品放在外侧；先取用的物品放在外侧，后取用的物品放在内侧	
起托	左脚向前迈开一步，膝盖弯曲，腰部挺直，上身稍向前倾，身体重心下移，右手轻捏托盘边缘并将其 1/3 拉出台面，用做好手势的左手放在托盘底部，掌心位于底部中心处，确定好端托重心后松开右手，收回左脚，身体上行将托盘托起，呈站立姿势	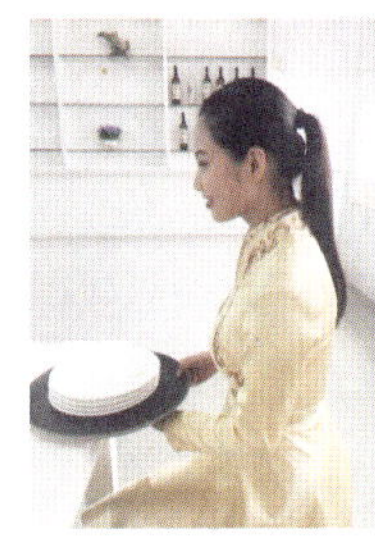
端托行走	将托盘平托于胸前，左手臂自然弯曲成 90°，头正肩平，目视前方，保持微笑，右手可自然下垂并随着走路节奏自然摆动或放于背后，脚步幅度保持等距，步频稍快	
落托	左脚向前迈开一步，屈膝直腰，身体重心下移，左手将托盘架在工作台上，右手轻扶盘边右下侧，抽出左手，两手同时将托盘完整推回桌面	
卸盘	将托盘置于工作台上，平稳取出物品，双手同时操作，将物品归类放回工作台，将取空后的托盘放于工作台一侧	

四、端托行走的步伐

（1）常步：步距均匀，快慢适当，是餐台日常服务的常用步伐。

（2）快步：疾步或急行步，步距较大，步速较快，用于端送急需物品或火候菜。

（3）碎步：小快步，步距小而步频快，上身保持平衡，多在端送汤类菜肴或重托时使用。

（4）垫步：右脚侧一步，左脚紧跟上去，侧身而过，多用于通过较窄的过道。

任务实训

1. 准备工作：常用托盘若干，每个托盘配备 10 个装饰盘，装满水的啤酒瓶、矿泉水瓶、易拉罐、白酒瓶若干，计时器等。将学生分为 6 ~ 8 人一组。

2. 训练程序：

（1）理盘和装盘训练：用清洁布理盘，装盘得当，物品重量分布均匀。

（2）起托和站立训练：

1）学生 6 ~ 8 人站成一排，抬头挺胸，左手臂弯曲成 90°，五指张开，掌心向上，手掌呈凹型。

2）用左手托盘，左手肘离腰部 1 拳头距离，右手自然下垂或放于背后。使用圆形托盘、西餐装饰盘练习起托并站立 5 分钟，熟练后将装饰盘换成装水酒瓶 3 个，练习托盘站立的姿态。

（3）端托行走训练：

1）端托平地行走：先托送 10 个装饰盘行走，熟练掌握后，再托送两个装水酒瓶行走，练习端托行走的平稳性。

2）端托障碍行走：地面设置“之”字形障碍物，每名学生使用圆形托盘及装满水的啤酒瓶或红酒瓶 2 瓶，绕着障碍物端托行走，行走时盘不倾斜，酒瓶不摇晃，水不外洒。

3）托盘展开训练：上臂与下臂垂直成 90°，逐渐将下臂往左外侧延伸至小臂与胸前呈 180°，再平移回 90°，身体角度保持不动，展开时速度不要过快，确保托盘内物品不晃动，如此反复练习。

4）端托撤换餐具：以撤换餐台上的餐盘、汤碗为例进行训练，左手托盘，右手进行撤换，左手五指随着盘内物品重量的变化稍做调整，以保持托盘重心的平稳。

任务评价

评价内容	评价要点	学生自评		学生互评		教师评价	
		分值	得分	分值	得分	分值	得分
理盘和装盘	整齐、清洁、动作优雅	10		10		10	
	物品分类摆放，重量分布均匀	10		10		10	
起托和站立	练习起托并站立 5 分钟	20		20		20	
端托行走	端托平地行走	30		30		30	
	端托障碍行走	10		10		10	
	托盘展开	10		10		10	
	端托撤换餐具	10		10		10	

拓展延伸

徒手托盘

徒手托盘是指用手端盘、碟、碗等，适用于中小型西餐厅。一般用左手单手托盘，上身垂直，两臂自然放松。徒手托盘在西餐宴会服务中较常见，如使用金、银器皿端送菜肴时，由于金、银器皿和所托物品比较贵重，服务员往往采用徒手端托进行服务。当菜肴盛器与托盘尺寸接近或物品和菜点不容易卸盘时，也可采用徒手端托的方法。

任务二　餐巾花折叠

| 任务描述 |

某国际酒店将迎来一年一度的员工技能展示节，主管今年想让新员工小李上场。小李形象和气质都不错，现在只差将餐巾花的折叠技能再提高一下。部门的同事都来鼓励小李，希望她苦练技能，赢个最佳技能奖！

| 任务目标 |

能够说出餐巾花的种类和特点，掌握餐巾折花的基本技法和要领。

| 任务准备 |

餐巾花源于古希腊，17 世纪后进入西方国家的家庭，近百年走入中国市场。在现代餐饮活动中，餐巾花越来越受到重视，无论是酒会、庆典餐会还是自助餐展台，都能看到精美的餐巾花。

一、餐巾的分类

餐巾是宾客用餐过程中使用的保洁餐布，一般是将餐巾折叠成三角形或对折置于宾客的膝上，用来擦嘴及防止汤汁、酒水洒出弄脏衣服。摆台时，餐巾可折叠成各种形状以美化餐台，最早是折叠成方形放于餐盘中，之后逐渐发展为折叠成各种抽象的艺术形象放于水杯及装饰盘上，所以餐巾既是卫生用品，又是艺术品。

按照不同的标准，餐巾可进行不同的分类。

（一）按质地分类

按质地不同，可分为亚麻、棉织、化纤、纸质餐巾，如表 2-2-4 所示。

表 2-2-4　餐巾按质地分类

按质地分类	特点
亚麻	质地较硬，厚实挺括，洗涤后免上浆，便于折叠
棉织	吸水性强，触感好，每次洗涤需上浆并熨烫，一次折叠造型效果佳
化纤	价格适中，色彩艳丽，透明感强，可二次折叠，方便洗涤；缺点是可塑性稍逊，吸水性差，手感欠佳
纸质	可折叠多种造型，更换方便但不环保，一般用于快餐厅和团队餐厅

（二）按摆设工具分类

按摆设工具不同，餐巾可分为杯花和盘花，如表 2-2-5 所示。

表 2-2-5　餐巾按摆设工具分类

按摆设工具分类	图例
杯花：杯花需放置于水杯或酒杯中以保持造型。其特点是折叠的技法复杂，造型多样，程序较多	
盘花：盘花放置于餐盘上，折叠成形后不易自行散开。盘花因折叠简单、造型简洁、卫生实用而成为餐巾花的发展趋势	

二、盘花折叠的基本手法

盘花折叠的基本手法有折叠、推折、卷、翻、拉等，如表 2-2-6 所示。

表 2-2-6　盘花折叠的基本手法

基本手法	手法要领	图例
折叠	先折后叠，辅之以压，将餐巾一折为二，二折为四，是最基本的手法	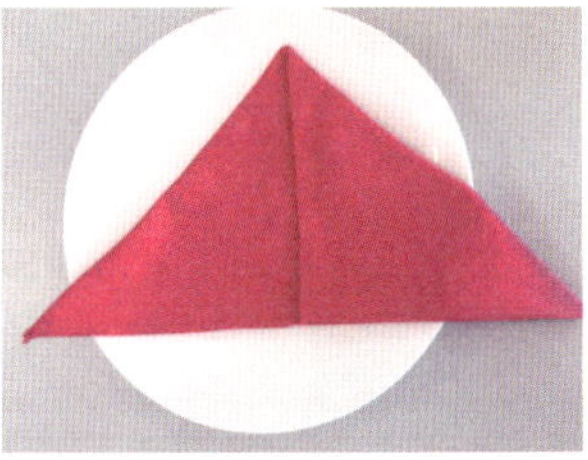
推折	将餐巾折成褶裥的形状，需要三根手指头相互配合，可分为直线推折和斜线推折。推折时两个大拇指相对成一直线，指面朝外，拇指和食指指面捏紧餐巾两头的褶皱，向前推至中指处，食指将褶裥挡住，中指腾出并控制下一个皱的距离，由推而折，辅之以捏。 要点提示：每个褶裥的大小、高低、宽度根据不同花形的要求而定，推出的褶要整齐均匀、间距相等	
卷	将餐巾依序往前卷成实心卷或圆筒并做出花形的手法。要领是卷得紧凑、挺括，可分为直卷和螺旋卷。 要点提示：直卷时要求使餐巾两边平行一起卷动，两手用力要均匀；螺旋卷时将餐巾一头固定再卷另一头，要求两手相互配合控制所卷角度的大小	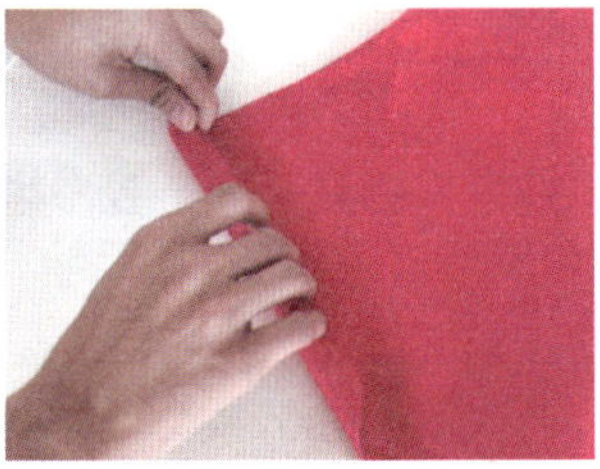
翻	将餐巾折卷或捏褶后的部位翻面，如将餐巾从前面翻折到后面，从夹层里面翻到外面等。操作时，一只手拿餐巾，另一只手将餐巾翻成花卉花瓣、服饰等形状	
拉	对半成形的折花进行巾角的提拉和牵引，一只手握住折叠好的餐巾，另一只手对巾角进行向上或向下的提拉，让餐巾造型挺括、线条分明	

三、餐巾折花的卫生要求

（1）操作前要洗手并消毒，不留长指甲，用干净的餐布擦手。

（2）站立于工作台边，在干净的托盘或专业大盘上操作。

（3）操作手法卫生，不允许用口叼、咬或用下巴按。

（4）折花时要求姿态端正、手法灵活，力求一次折成，避免反复折叠造成折痕杂乱，并且这样做也不卫生。

任务实训

请分小组准备好餐桌、餐巾、装饰盘等，在实训室练习盘花的折叠、推折、卷、翻等手法。

任务评价

评价内容	评价要点	学生自评		学生互评		教师评价	
		分值	得分	分值	得分	分值	得分
折叠	先折后叠，辅之以压	10		10		10	
推折	由推而折，辅之以捏，推出的褶整齐均匀、间距相等	10		10		10	
卷	卷成实心卷或圆筒并做出花形，紧凑、挺括	20		20		20	
	用直卷和螺旋卷两种手法分别折叠	20		20		20	
翻	翻面整理成形	20		20		20	
拉	对巾角进行提拉和牵引，使餐巾造型挺括、线条分明	20		20		20	

拓展延伸

餐巾的由来

在 15 世纪至 16 世纪的英国，男人们喜欢留着大胡子，当时刀叉尚未发明，用手抓肉进食容易将胡子弄得全是油。一些家庭主妇想了个办法解决这个有失大雅的问题——在男人的脖子下挂块布，这就是最初的餐巾。后来，一位英国的裁缝对其进行了改良，他将餐巾裁剪成一个个小方块，这样使用起来方便很多。女主人们喜欢将餐巾做得与昂贵的亚麻或丝绸台布相一致。现在的西餐厅更是把餐巾折叠成各种漂亮的花形，从而美化餐台。

续表

3. 将斜边一角向直角端翻折出一个小三角形 	4. 将新翻折成的小三角形沿斜边再次翻折 
5. 将两次翻折后的小三角形进行最后的翻折 	6. 外翻开口的直角边，并整理成形 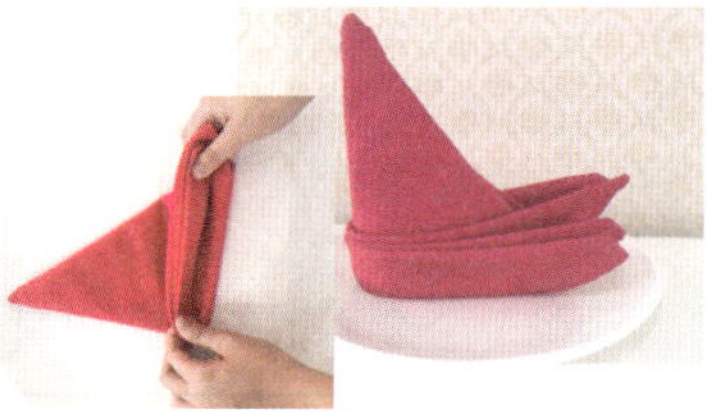

四、三角帐篷盘花

三角帐篷盘花又称三明治盘花，其折叠简单，美观挺拔，是西餐宴会的常用花形。其折叠方法如表 2-2-10 所示。

表 2-2-10　三角帐篷盘花的折叠方法

<table>
<tr><td>1. 将餐巾呈菱形放置，将其中一角沿对角线对折，呈三角形
</td><td colspan="2">2. 将斜边的两角分别向直角端翻折，呈正方形
</td></tr>
<tr><td>3. 翻转餐巾，将四个巾角的一端沿对角线对折
</td><td>4. 将斜边的两角沿斜边中线对折，呈三角形
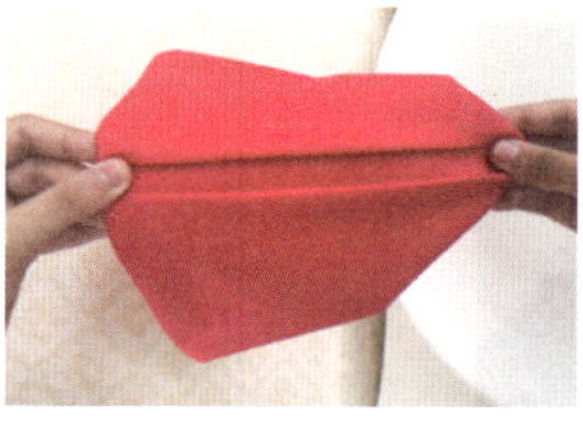</td><td>5. 将餐巾底部撑开，并整理成形
</td></tr>
</table>

五、衣冠楚楚盘花

衣冠楚楚盘花适合商务客人使用，其折叠方法如表 2-2-11 所示。

表 2-2-11　衣冠楚楚盘花的折叠方法

<table>
<tr><td>1. 将餐巾呈菱形放置，将其中一角沿对角线对折，呈三角形
</td><td>2. 将斜边的两角向直角端错位翻折
</td><td>3. 翻转餐巾，将四个巾角端向上翻折
</td></tr>
<tr><td>4. 将底部两端分别向中间位置翻折，并将其中一端插入另一端的夹层中
</td><td colspan="2">5. 翻转餐巾，将错位折叠的顶端外翻做衣领，并整理成形
</td></tr>
</table>

六、含苞待放盘花

含苞待放盘花适合少年使用，其折叠方法如表 2-2-12 所示。

表 2-2-12　含苞待放盘花的折叠方法

<table>
<tr><td>1. 将餐巾呈正方形摆放，将餐巾的一边沿 1/3 线向对边对折两次，呈长方形
</td><td colspan="2">2. 将长方形的两条短边沿着 1/4 线分别向中心线对折
</td></tr>
<tr><td>3. 将长方形长边的两角分别向中心线翻折
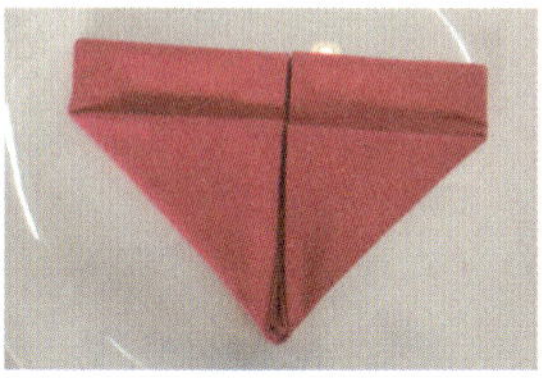</td><td>4. 翻转餐巾，将另一长边的两角做同样的翻折
</td><td>5. 将餐巾对折，并整理成形
</td></tr>
</table>

任务实训

1. 物品准备：餐桌、餐巾、装饰盘、托盘、秒表等。

2. 训练要求：分小组进行盘花折叠基本方法的练习，在规定时间内熟练折叠六种盘花并报出花名，要求花形逼真、摆放标准、造型优美。

任务评价

评价内容	评价要点	学生自评		学生互评		教师评价	
		分值	得分	分值	得分	分值	得分
皇冠形盘花	操作卫生、造型美观，掌握基本技法，说出盘花名称	15		15		15	
王公冠冕形盘花	操作卫生、造型美观，掌握基本技法，说出盘花名称	15		15		15	
小鸭戏水盘花	操作卫生、造型美观，掌握基本技法，说出盘花名称	15		15		15	
三角帐篷盘花	操作卫生、造型美观，掌握基本技法，说出盘花名称	15		15		15	
衣冠楚楚盘花	操作卫生、造型美观，掌握基本技法，说出盘花名称	20		20		20	
含苞待放盘花	操作卫生、造型美观，掌握基本技法，说出盘花名称	20		20		20	

拓展延伸

餐巾环

在折叠餐巾时，有一个饰品是跟餐巾配合起来使用的，它就是餐巾环（Napkin Ring）。将餐巾折叠成造型或平整卷好，套在餐巾环内，可以在餐桌上营造优雅气氛。在西餐餐桌上，除了色、香、味俱全的餐点外，相辅相成的餐巾环样式能起到锦上添花的视觉效果。餐巾环有瓷制、银制、塑料、骨制等材质，此外也可以用丝带或丝穗代替，并配以鲜花；有些西餐厅还用自己自制的手工艺品作为餐巾环，可起到雅致的装饰效果。

任务四 方台铺台布

| 任务描述 |

西餐厅台布的铺设，能营造一种柔和、豪华、宁静之感，且能提高餐厅的服务水准。不同的西餐厅会有不同尺寸及形式的桌子及台布，台布洗烫过后也有多种不同的折叠方式。

| 任务目标 |

掌握台布的种类、形状及铺台布的方法，能够进行铺台布操作，力求一次到位、操作规范、符合标准。

| 任务准备 |

铺台布是餐饮职业课程中必须学习的服务技能，中式台布对许多专业的餐饮人士来说并不陌生，这里介绍最常见的西式台布的铺法。

一、台布的种类和形状

台布的种类很多。从材质上来看，纯棉台布因吸湿性能好而广受欢迎，此外还有绸缎、棉麻、PVC 等材质。从图案上来看，有团花、散花、工艺绣花等。从颜色上来看，有白色、黄色、粉色、红色、绿色等，颜色应根据餐厅风格、环境、装饰及宴会主题而定，大多数餐厅会选择白色台布。

台布的形状大体有四种：正方形、长方形、圆形及异形。正方形台布常用于方台或圆台。长方形台布有 160×200cm、180×300cm 等不同规格，多用于长方台及西餐的各种餐台。可根据餐台的大小、形状选用不同数量的台布，一块不够用时可随意拼接，在拼接时应注意将接口处接压整齐。

二、方台铺台布的方法

台布洗净后应折叠保存，折叠方法为：将台布两边往中凸线折叠，再对折成长方形。西餐零点摆台一般铺设一块台布；六人位的西餐宴会长形台铺设两块台布，将第二块台布压在第一块台布上，重叠部分宽 5cm，两块台布的中凸线对齐。这里主要介绍方台主人位铺台布的方法，如表 2-2-13 所示。

表 2-2-13 方台主人位铺台布的方法

步骤	具体操作	图例
摆餐椅找定位	将餐椅按就餐人数摆放于餐台的四周，使之呈三三两两的并列状。 服务人员应将双手洗净，并对台布进行仔细的检查，若发现台布有残破、油渍和皱褶，应更换。 应根据餐厅的装饰、布局确定席位。餐厅服务员站立在主人餐椅处，距餐台 40cm，将选好的台布放于主人处的餐台上	

续表

步骤	具体操作	图例
转椅	用脚尖做支点将主人位一侧的餐椅侧转90°	
抓边	将台布横向打开，开口朝向自己，中凸线对准桌子纵轴，两手臂张开距离相等，用拇指与食指均匀捏住单层台布左右两侧	
推铺	前倾身体，将台布向餐桌中央推去的同时松手放下底层台布边	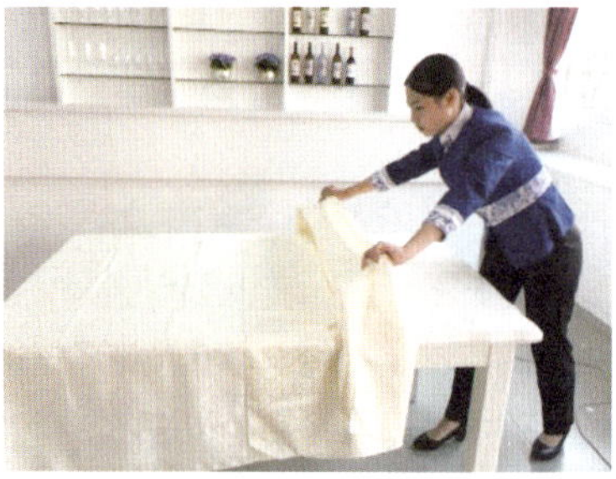
退拉	采用退拉方式，捏住第一层台布，将台布慢慢拉向身体一侧，徐徐将台布拉正，将台布拉正后放下下垂部分	
归位	铺好台布后，应将拉出的主人位餐椅送回原位。挪动餐椅的动作是：两手握住椅背上的两端，用膝盖顶住椅子的坐面横梁，脚步移动，尽量不要让椅子腿摩擦地面发出响声	

任务实训

1. 物品准备：西餐方台、餐椅、台布、秒表。

2. 训练要求：

（1）以小组为单位在西餐实训室进行铺台布训练。先由教师示范抓边、推铺、退拉等的技能要点，然后学生分组练习。

（2）掌握技能要点后，从转椅开始，在副主人位铺第一块台布，再在主人位铺第二块台布，注意台布的重叠部分宽 5cm。

（3）掌握流程后，进行速度训练，在一分钟之内铺好两块台布。

（4）各小组派代表进行方台铺台布的技能比赛，要求操作程序正确、动作规范。

任务评价

评价内容	评价要点	学生自评		学生互评		教师评价	
		分值	得分	分值	得分	分值	得分
准备工作	摆餐椅，洗净手，找定位	25		25		25	
台布折叠	中凸线对折、横向对折	25		25		25	
铺第一块台布	转椅、抓边、推铺、退拉	25		25		25	
铺第二块台布	转椅、抓边、推铺、退拉	25		25		25	

拓展延伸

餐桌的点睛之笔——桌旗

在西餐宴会摆台中，经常会用桌旗来布置餐台，一般是铺设完台布后将桌旗铺在桌子的中线上。有时候，台布的颜色过于单调会使人产生审美疲劳，这时一款颜色相得益彰的桌旗就能带来视觉上的跳跃之感。桌旗一般选用上等的真丝或棉布做成，有质感的桌旗可以提升餐台的格调和品位，营造浓厚的文化氛围及高雅之感。

桌旗应当与餐厅环境、整体装饰的色调相协调，起到提升台面品味和格调的作用；此外，桌旗还有一个重要的作用，即保护桌面。

任务五 西餐早餐摆台

| 任务描述 |

商品交易会期间，某国际酒店迎来入住高峰期，很多客人需要第二天在酒店西餐厅用早餐，该西餐厅的菜单品种不少于 15 种，基本能够满足客人的选择需求。在晨会上，领班再次跟服务员强调了早餐摆台的注意事项。

| 任务目标 |

了解西餐早餐摆台的要求和摆台用具，掌握具体的早餐摆台操作程序与标准，经过训练达到操作规范、技术娴熟的目标。

| 任务准备 |

摆台是接待客人之前最基本的准备工作。一家好的西餐厅必须在客人到达餐厅之前就做好包括摆台在内的所有准备工作，这不仅是为客人提供快捷服务的保证，也是对客人的尊重。

一、西餐早餐摆台的程序

（一）铺台布或餐具垫布

具体方法见本项目任务四“方台铺台布的方法”。

（二）摆放装饰盘和餐刀叉

摆放装饰盘和餐刀叉的程序和注意事项如表 2-2-14 所示。

表 2-2-14　摆放装饰盘和餐刀叉

1. 用托盘操作，或将口布两次对折成正方形垫于左手托起的装饰盘，摆放于席椅正前方。采用抠盘方式，握住装饰盘右侧操作，装饰盘距离桌子边缘 1cm 	2. 装饰盘右侧 1cm 摆餐刀（刀刃朝左），左侧 1cm 摆餐叉。餐具到桌边的距离同装饰盘。注意：餐具拿法是右手大拇指与食指捏住餐具颈部两侧 

（三）摆放面包盘、黄油刀、黄油碟

摆放面包盘、黄油刀、黄油碟的程序和注意事项如表 2-2-15 所示。

表 2-2-15　摆放面包盘、黄油刀、黄油碟

1. 站在餐位左侧，面包盘摆于餐叉左侧，距离餐叉 1cm，面包盘中心与装饰盘中心的连线在一条直线上。黄油刀摆放在面包盘上距右侧约三分之一处 	2. 黄油刀上方摆黄油碟，黄油碟与黄油刀刀尖相距 3cm，黄油碟左侧边沿与面包盘中心线相切 

（四）摆放咖啡杯具、水杯

摆放咖啡杯具、水杯的程序和注意事项如表 2-2-16 所示。

表 2-2-16　摆放咖啡杯具、水杯

1. 咖啡杯具摆放于餐刀右侧，杯柄朝右，咖啡匙置于咖啡碟右侧 	2. 奶缸、糖缸摆在咖啡杯上方。餐刀正上方 2cm 摆放水杯 

（五）摆放餐巾花、花瓶、烟灰缸、椒盐瓶、牙签盅

摆放餐巾花、花瓶、烟灰缸、椒盐瓶、牙签盅的注意事项如表 2-2-17 所示。

表 2-2-17 摆放花瓶、烟灰缸及椒盐瓶

1. 将餐巾花放于装饰盘中	2. 将花瓶置于餐桌正中央，烟灰缸、椒盐瓶、牙签盅摆在餐台靠中心的位置上

二、西餐摆台的注意事项

（1）摆放餐具前应注意个人卫生，如餐具有店徽标志，应将其正面朝上或朝向客人。

（2）摆放餐具前，应检查所用餐具是否有破损，以免造成不必要的伤害。

（3）西餐台面装饰较为讲究，在美化餐台的同时应符合客人的风俗习惯。

任务实训

1. 物品准备（以 4 人位餐台为例）：方桌 1 张、服务桌 1 张、席椅 4 把、台布 1 张、餐巾 4 条、装饰盘 4 个、面包盘 4 个、黄油碟 4 个、餐叉 4 把、餐刀 4 把、黄油刀 4 把、咖啡杯具 4 套、奶缸 4 个、糖缸 4 个、餐巾、花瓶等。

2. 训练程序：

（1）以小组为单位领取摆台餐具用具，布置工作台。

（2）小组成员之间轮流练习早餐摆台，相互点评。

（3）熟练掌握技能后进行考核。

任务评价

评价内容	评价要点	学生自评		学生互评		教师评价	
		分值	得分	分值	得分	分值	得分
西餐早餐摆台	铺台布或餐具垫布	10		10		10	
	摆放装饰盘	10		10		10	
	摆放餐刀叉	20		20		20	
	摆放面包盘、黄油刀、黄油碟	20		20		20	
	摆放咖啡杯具及水杯	20		20		20	
	摆放餐巾花	10		10		10	
	摆放花瓶、烟灰缸及椒盐瓶	10		10		10	

拓展延伸

英式下午茶

英国人酷爱喝茶，有“床前茶”“早餐茶”“工休茶”等名目。下午下班前是喝茶吃甜点的法定时刻。正统的英式下午茶点心用点心瓷盘装盛，第一层放三明治，第二层放传统英式点心司康饼（常抹黄油、果酱、奶油等，有时内夹干果），第三层放蛋糕及水果塔。在享用下午茶时，味道应由淡而重，由咸而甜；先尝带点咸味的三明治，啜几口红茶，然后咬上一口涂抹上果酱或奶油的英式松饼，最后享用甜腻厚实的水果塔。

任务六 西餐午晚餐摆台

| 任务描述 |

莱特斯西餐厅将于晚上迎来贵宾，该餐厅有 4 人位餐台、8 人位餐台和包房，经营高档餐饮产品与服务，前来用餐的客人对菜肴和服务的要求都很高。在开始营业前，餐厅的工作人员就开始忙碌起来，摆台是其中一项重要的工作。

| 任务目标 |

了解西餐午晚餐摆台的要求和摆台用具，掌握具体的午晚餐摆台操作程序与标准，经过训练达到操作规范、技术娴熟的目标。

| 任务准备 |

西餐午晚餐摆台应该遵循整齐和方便客人使用的原则，既要考虑方便服务，又要人性化。

一、西餐午晚餐摆台要领

（一）摆台顺序

铺好台布后，先摆餐盘定位，后摆刀、匙、叉，再摆面包盘、黄油刀和黄油碟、各种酒杯等，最后摆上餐巾花和调味瓶等。如图 2-2-1 所示。

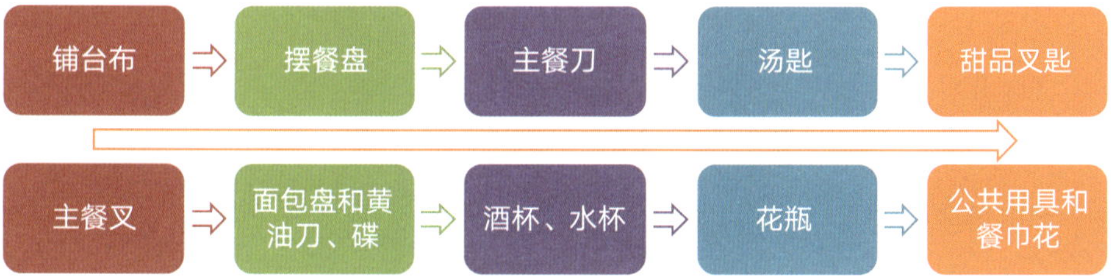

图 2-2-1　西餐午晚餐摆台顺序

（二）餐盘和刀叉摆放要领

餐盘放正中，左叉右刀，先里后外，叉尖向上，刀口朝盘。

（三）摆位方法

台布中凸线向上，十字居中，铺设操作最多四次即整理成形；摆设操作从席椅后方进行，顺时针方向摆设。

（四）席椅摆放要领

席椅之间距离基本相等；相对席椅的椅背中心对准；席椅边沿与下垂台布相距 1cm。

二、西餐午晚餐摆台操作步骤

（一）铺台布

具体方法见本项目任务四“方台铺台布的方法”。

（二）摆餐盘和刀叉匙

装饰盘和餐刀的摆法参考早餐摆台。汤匙放于餐刀右侧，距桌边 1cm（同装饰盘），与餐刀最窄处距离 0.5 或者 1cm。

甜品叉靠近装饰盘，叉柄朝左，距装饰盘 1cm。甜品叉、匙在装饰盘正前方平行摆放。甜品匙摆于甜品叉外侧，叉柄向右，距甜品叉 0.5 或者 1cm。

主餐叉位于装饰盘的左侧，距桌边 1cm，距离装饰盘 1cm。

面包盘位于餐叉的左侧 1cm，面包盘内距右侧 1/3 处摆上黄油刀，悬空部分大小相等，黄油刀亦可横放或斜放。

（三）摆放酒杯和水杯

西餐午晚餐杯具摆放的基本要求是杯肚间距 1cm，杯底中心的连线与餐台边成 45°角。水杯摆在主餐刀尖上 2cm 处，红酒杯放于水杯右下方，两杯成一直线。

（四）摆放花瓶、公共用具和餐巾花

首先，在桌面正中心摆上花瓶。然后，在花瓶左右两侧摆上牙签盅、椒盐瓶、烟灰缸。牙签盅与烟灰缸底部压在台布中凸线上，椒盐瓶间距中心对准台布中凸线，两瓶相距 1cm。最后，放上餐巾花。

任务实训

1. 物品准备（以4人位餐台为例）：方桌1张、服务桌1张、席椅4把、台布1张、餐巾4条、装饰盘4个、面包盘4个、餐叉4把、餐刀4把、汤匙4把、黄油刀4把、红葡萄酒杯4个、水杯4个。

2. 训练程序：

（1）以小组为单位领取摆台餐具和用具，布置工作台。教师先讲解、示范，然后由学生分组练习，教师再巡台指导。

（2）小组成员之间轮流练习午晚餐摆台，相互点评。

（3）熟练掌握摆台技能后进行考核。

任务评价

评价内容	评价要点	学生自评		学生互评		教师评价	
		分值	得分	分值	得分	分值	得分
西餐午晚餐摆台	铺台布	10		10		10	
	摆放装饰盘	10		10		10	
	摆放主餐刀、汤匙	20		20		20	
	摆放甜品叉匙	10		10		10	
	摆放主餐叉、面包盘、黄油刀	20		20		20	
	摆放酒杯和水杯	10		10		10	
	摆放花瓶及公共用具	10		10		10	
	摆放餐巾花	10		10		10	

拓展延伸

摆台训练的注意事项

保证摆台的各种餐具和用具有一定的周转量，各类餐具要清洁，不锈钢器皿要干净光亮，盛放调味品的瓶盅表面要清洁，桌椅必须牢固可靠。服务员摆放餐具前应注意个人卫生，摆放杯子时，应手拿杯座，避免触碰杯口部位，更忌讳留下手印。西餐餐具和用具种类繁多，摆放时应仔细识别，以免张冠李戴。

任务七　西餐宴会摆台

| 任务描述 |

艾伦公司与斯威特公司成功签署了一份合同，为庆祝签约成功，艾伦公司邀请斯威特公司的总经理携眷出席西餐晚宴，该晚宴是50人规格的西餐宴会，总经理秘书李玫也受到了邀请。李玫刚参加工作不久，也没参加过正式的西餐宴会，只知道西餐宴会使用的刀、叉、勺很多，摆台也很讲究，她赶紧临时抱佛脚，弄清楚各种餐具摆放之间的关系，避免就餐时闹出笑话，影响公司形象。

| 任务目标 |

熟悉西餐宴会摆台的标准及技巧，掌握西餐宴会摆台的技能。

| 任务准备 |

西餐宴会摆台是宴会设计的重要内容，在承办酒席宴会时摆设一桌造型美观的台面，不仅能为客人提供舒适的就餐席面，还能给客人带来赏心悦目的艺术享受。

一、西餐宴会摆台流程

（一）铺台布

具体方法见本项目任务四“方台铺台布的方法”。

（二）席椅定位

站在主人位正后方，双手握住椅背两侧，四指贴住椅背，拇指在前，借用膝盖顶住的力量将椅子往前推至其边沿与下垂台布相距 1cm 的位置。椅子之间距离均等，顺时针方向摆设。

（三）摆放装饰盘

装饰盘中心与席椅中心对准，顺时针方向摆放。装饰盘之间距离均等，距离餐桌边缘 1cm。

（四）摆放刀叉勺

西餐宴会台面操作的关键是刀叉勺的摆放，每件餐具的摆放都应注意位置准确、整齐卫生、动作轻巧、距离符合要求。具体步骤如表 2-2-18 所示。

表 2-2-18　摆放刀叉勺的具体步骤

步骤	摆法要求	图例
装饰盘右侧	整理入盘，将头盘刀叉、汤勺、鱼刀叉、正餐刀叉、甜品叉勺等整理入盘，按取用顺序理盘。 装饰盘右侧摆放刀、勺，从主人位右侧开始顺时针方向摆放。从装饰盘右侧 1cm 起，从左往右依次摆放主餐刀、鱼刀、汤勺、头盘刀，各刀勺间距 0.5cm，垂直于桌子边沿摆放，与桌边距离同装饰盘	
装饰盘上方	装饰盘上方摆放甜品叉勺，方法详见西餐午晚餐摆台，注意甜品叉勺之间的距离为 0.5cm	
装饰盘左侧	从装饰盘左侧 1cm 起，从右往左依次摆放主餐叉、鱼叉、头盘叉，各餐叉间距 0.5cm，垂直于桌子边沿摆放，距离桌边 1cm	

（五）摆面包盘、黄油刀、黄油碟

具体方法见本项目任务五“西餐早餐摆台”。

（六）摆放白葡萄酒杯、红葡萄酒杯和水杯

摆放顺序为白葡萄酒杯、红葡萄酒杯、水杯。白葡萄酒杯摆放在头盘刀正上方，杯底中心在头盘刀的竖中线上，杯底距离头盘刀尖 2cm。往左上方依次摆放红葡萄酒杯、水杯，三杯成斜直线，向右与水平线呈 45°角，各杯身相距 1cm。

（七）摆放花瓶或台面装饰物以及烛台

可徒手操作，花瓶或台面装饰物置于餐桌中央，高度不超过 30cm。烛台摆于餐台两侧适当位置，一般距离花瓶 10cm，烛台底座中心压在台布中凸线上。

（八）摆放牙签盅和椒盐瓶

牙签盅摆在台布中线上，距离烛台 10cm。椒盐瓶间距中心对准台布中凸线，按左椒右盐对称摆放，瓶底与牙签盅底部相距 2cm，瓶壁相距 1cm。

（九）摆放餐巾花

摆放餐巾花时要突出正副主人位，餐巾花要造型美观、挺括。

任务实训

1. 物品准备（以 8 人位餐台为例）：方桌 1 张、服务桌 1 张、席椅 8 把、台布 2 张、餐巾 8 条、装饰盘 8 个、面包盘 8 个、花瓶 1 个、椒盐瓶 4 个、烛台 2 个、牙签盅 2 个等。每餐位须准备 4 刀（头盘刀、主餐刀、鱼刀、黄油刀）、4 叉（头盘叉、主餐叉、鱼叉、甜品叉）、2 勺（汤匙、甜品匙）、3 杯（水杯、红葡萄酒杯、白葡萄酒杯）。

2. 训练要求：

（1）各小组合作完成西餐宴会摆台，要求操作程序正确，动作规范，餐具摆放符合标准，端托姿势正确。

（2）具备良好的操作习惯，轻拿轻放，操作卫生，无餐具掉落、打碎、打翻等失误。

（3）在规定操作时间内完成，准备时间 5 分钟，宴会摆台 18 分钟。

任务评价

评价内容	评价要点	学生自评		学生互评		教师评价	
		分值	得分	分值	得分	分值	得分
西餐宴会摆台	铺台布、席椅定位	10		10		10	
	摆放装饰盘	10		10		10	
	摆放刀叉勺	10		10		10	
	摆放面包盘、黄油刀、黄油碟	10		10		10	
	摆放杯具	10		10		10	
	摆放花瓶、烛台	10		10		10	
	摆放牙签盅、椒盐瓶	10		10		10	
	摆放餐巾花	10		10		10	
	托盘使用	10		10		10	
	整体印象	10		10		10	

拓展延伸

西餐宴会服务竞赛

西餐宴会服务竞赛旨在检验参赛选手西餐服务的专业操作能力及设计创新能力。竞赛内容分为三大部分，包括仪容仪表展示、现场专业技能比赛、英语台面设计介绍。其中，现场专业技能比赛包括西餐宴会摆台、饮料制作及调酒、葡萄酒品鉴三个环节。每位选手的准备时间为 2 分钟，宴会摆台为 18 分钟，台面介绍为 3 分钟。在饮料制作及调酒比赛环节中，爱尔兰咖啡调制为 7 分钟，自创酒调制也在 7 分钟内。在葡萄酒品鉴环节，选手要采用盲品方式鉴别葡萄酒的酿造原料，并用文字描述该葡萄酒的基本特征。

项目三 餐酒服务

情景导入

在酒店住宿的史密斯夫妇来到西餐厅用餐，席间他们点了一瓶来自法国的洋酒。服务员小张热情地为他们提供示酒和开瓶服务，可是在为史密斯先生提供试酒服务时，史密斯先生皱起了眉头，原来酒杯中的酒有些浑浊，他怀疑是假酒。小张压低声音说："先生，这酒还在保质期内，是没有问题的，而且酒已经打开，您是不能退酒的。"这句话让史密斯先生觉得在他太太面前有失颜面，于是找餐厅经理投诉，但解决未果。后经总经理出面赔礼道歉，并适当地减免餐费，这场风波才得以平息。当天下班前，餐饮部针对该事件召开了分析会，并对直接责任者当班服务员小张进行了书面批评。

问题 服务员在为客人提供酒水开瓶及斟酒服务之前，应注意什么？

情景简析

首先，仓库在酒水入库时要把好关，杜绝伪劣产品，且要定期盘点，特别是对贵重酒水要进行定期检查，确实有质量问题的应严禁出库。其次，部门酒水员在领料时，也要严把质量关，如果酒水不合格，应立即退还给仓库。最后，负责包厢的服务员在向客人出售酒水的时候更应该把好质量关，在开酒前，要对将要出售的酒水逐个检查，当然，这些工作要快速完成，不得影响对客服务。

任务一 餐酒概述

| 任务描述 |

一天晚上，几位外国客人来到某四星级酒店西餐厅用餐，他们点了牛扒等食品，趁主菜还没上，客人又点了一款味美思，准备作为餐前酒。过了五六分钟，服务员小张回来告诉客人味美思已经没货了，推荐他们点一瓶干红葡萄酒先喝，客人皱起眉头，有些不快。你知道客人为何不愉快吗？

| 任务目标 |

熟悉西餐餐酒的种类，能够辨别餐前酒、佐餐酒、餐后酒的特性并举例。

| 任务准备 |

西餐餐酒一般分为餐前酒、佐餐酒和餐后酒。

一、餐前酒

餐前酒是宴会开始之前客人享用的一些开胃酒或鸡尾酒，有增加食欲的作用，一般选用稍苦的酒作为开胃酒。常见的餐前酒如表 2-3-1 所示。

表 2-3-1 常见的餐前酒

品种	介绍	图例
味美思	最著名的餐前酒，其原料以苦艾为主，又称苦艾酒。味美思以白葡萄酒为基酒，加入苦艾、奎宁、龙胆草、大小茴香、豆蔻、丁香、肉桂、陈皮、杜松子等香料、草药浸制而成，酒精含量为 16% ～ 18%。最为著名的是法国和意大利的味美思，如法国的香百利、杜瓦尔，意大利的马天尼、卡帕诺等	
比特酒	又称苦味酒，从古代药酒演变而来，具有助消化、滋补的功效。用于配置比特酒的药材主要有阿尔卑斯草、龙胆皮、苦橘皮等。比特酒以葡萄酒、蒸馏酒或食用酒精为基酒，酒精含量为 16% ～ 45%。如意大利的金巴利	
茴香酒	用茴香油与食用酒精或蒸馏酒配置而成的酒。茴香油中含有较多的苦艾素，饮用时需要兑水或加冰块，酒精含量一般在 40% ~ 45%。茴香酒以法国最为著名，如潘诺、巴斯特 51、里卡德等	

二、佐餐酒

常见的佐餐酒如表 2-3-2 所示。

表 2-3-2 常见的佐餐酒

品种	介绍	图例
佐餐白葡萄酒	白葡萄酒可以用黑葡萄和白葡萄制成，但在发酵前必须将葡萄皮等含色素的物质滤去，滋味酸到微甜，口感醇厚	
佐餐红葡萄酒	红葡萄酒的原料必须使用黑葡萄（或称紫葡萄、红葡萄），在酿造过程中需保留葡萄皮，使其与酒体一起发酵。红葡萄酒大多为干型葡萄酒，味芳醇厚实，其涩味产生于果皮及葡萄籽中的草宁酸，能助消化	
葡萄汽酒和香槟酒	葡萄汽酒前半部分的制作工序和白葡萄酒相同，即使用黑葡萄或白葡萄榨汁去皮并进行发酵。在酒体储存一定时间后便进行装瓶，装瓶时注入糖分使其第二次发酵或注入二氧化碳，成为含气的葡萄酒。葡萄汽酒中的极品便是著名的香槟酒（Champagne），能称为香槟的必须是出产于法国香槟地区且经过自然发酵产生气体的葡萄汽酒，否则只能称为葡萄汽酒	

三、餐后酒

常见的餐后酒如表 2-3-3 所示。

表 2-3-3 常见的餐后酒

品种	介绍	图例
白兰地	泛指葡萄蒸馏酒。法国是世界上著名的白兰地产地，以科涅克和阿尔玛涅克白兰地最负盛名。白兰地储存年份的长短代表其品质等级	
威士忌	威士忌用谷类作物如燕麦、黑麦、大麦等为原料，须经过两次蒸馏后注入橡木桶内储存 7 年以上。按国家不同，可分为苏格兰威士忌、爱尔兰威士忌、加拿大威士忌和美国威士忌	

续表

品种	介绍	图例
朗姆酒	朗姆酒采用甘蔗或糖浆酿制而成，将甘蔗榨汁后熬成糖浆再经过发酵、蒸馏注入橡木桶储存而成，酒精含量为 40% ～ 75%	
利口酒	利口酒是含酒精的饮料，由中性酒如白兰地、威士忌、伏特加或葡萄酒加入树根、果皮、香料等加味材料，经过蒸馏、浸泡、熬煮而成，口味甚甜。利口酒有各种各样的色彩，是配置鸡尾酒的重要加色和加味成分	

任务实训

1. 准备餐巾、酒瓶、水、西餐宴会摆台餐具和用具，分组摆放西餐午晚餐台面。

2. 将学生分为若干小组，1 人当服务员，1 人辅助准备工作，另外的成员作为客人，开展情景模拟训练，由服务员在用餐的不同阶段向客人推销餐前酒、佐餐酒和餐后酒。

3. 各小组轮流练习，相互评价。

任务评价

评价内容	评价要点	学生自评		学生互评		教师评价	
		分值	得分	分值	得分	分值	得分
介绍餐前酒	模拟推销味美思、比特酒、茴香酒	35		35		35	
介绍佐餐酒	模拟推销红葡萄酒、白葡萄酒、葡萄汽酒和香槟酒	35		35		35	
介绍餐后酒	模拟推销白兰地、威士忌、朗姆酒、利口酒	30		30		30	

拓展延伸

外国蒸馏酒类简介

外国著名的蒸馏酒有威士忌、白兰地、伏特加、朗姆酒、金酒、龙舌兰酒等。

（1）威士忌：以谷物为原料经发酵、蒸馏制成的酒，可分为爱尔兰威士忌、苏格兰威士忌、加拿大威士忌和美国威士忌等。

（2）白兰地：以葡萄或其他水果为原料经发酵、蒸馏制成的酒，例如法国干邑白兰地。

（3）伏特加：以小麦、玉米、土豆为原料经发酵、蒸馏后精制而成，可分为纯净伏特加和芳香伏特加。

（4）朗姆酒：以蔗糖汁或糖浆为原料经发酵、蒸馏加工而成，按色泽不同可分为金朗姆、银朗姆和黑朗姆。

（5）金酒：以玉米、麦芽等谷物为原料经发酵、蒸馏后加入杜松子及其他芳香类原料再次蒸馏而成的酒。

（6）龙舌兰酒：又称特基拉酒，是以热带仙人掌类植物龙舌兰的汁浆发酵、蒸馏而成的酒。

任务二　葡萄酒的开瓶

| 任务描述 |

一天晚上，几位商务客人到菲莉西餐厅洽谈商务合作兼用餐，为庆祝合作成功，他们点了一瓶香槟酒和几份牛排。当时刚好是餐厅的用餐高峰期，服务员人手不够，经理便让新来的服务员小李去帮忙上菜，此时客人催促小李说："赶紧帮我们开香槟吧！我们迫不及待想庆祝呢！"

| 任务目标 |

区分不同酒水的适饮温度和冷藏方法，能够熟练地提供葡萄酒的开瓶服务。

| 任务准备 |

一、葡萄酒的适饮温度和冷藏方法

葡萄酒的适饮温度和冷藏方法如表 2-3-4 所示。

表 2-3-4　葡萄酒的适饮温度和冷藏方法

酒水	适饮温度	冷藏方法
白葡萄酒	8～12℃	放入冰桶中冰镇 30 分钟左右或者放入冰箱中冷藏 2 小时
红葡萄酒	15～18℃	常温即可，如果夏天室温过高，可暂时将红葡萄酒放入冰箱中冷藏 1 小时，以降低 10℃左右
葡萄汽酒	6～10℃	放进冰桶内冰镇 45 分钟或者放入冰箱中冷藏 3 小时
玫瑰红葡萄酒	10～12℃	可参考白葡萄酒

二、开瓶

（一）开瓶步骤

常见的酒瓶封口有瓶盖、易拉罐、瓶塞等。开瓶是指开启软木制成的瓶盖或瓶塞，以葡萄酒的开瓶为例，其步骤如表 2-3-5 所示。

表 2-3-5　开瓶步骤

步骤	图例	步骤	图例
1. 用开酒刀切开并揭去封口锡纸		2. 用服务巾擦拭瓶口	
3. 将酒钻螺旋锥垂直插入软木塞		4. 垂直旋转钻柄直至钻头螺纹的 3/4 进入软木塞	
5. 按下开瓶器支撑杆，扣住瓶口边缘		6. 垂直提起开瓶器，将软木塞往上拉	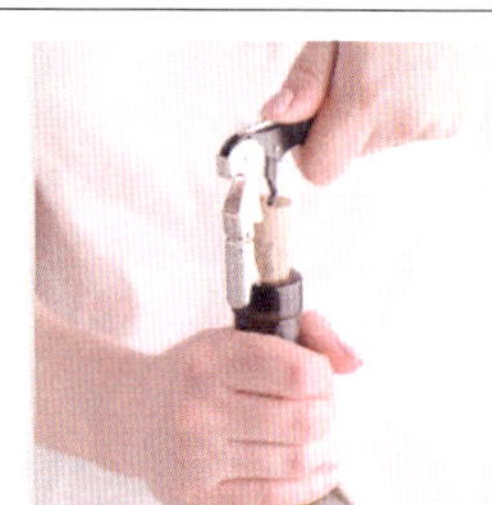

（二）开瓶注意事项

（1）开瓶时要尽量减少酒瓶的晃动，使用开瓶钻时，要将钻头对准软木塞的中心点，慢慢旋转。钻头钻至软木塞的 3/4 处即可。

（2）开启软木塞时，若软木塞有断裂迹象，可将酒瓶倒置，利用内部酒液的压力顶住木塞，再旋转开瓶器。

（3）开瓶后用干净的服务巾擦拭瓶口，要擦干冰镇酒水的瓶身，注意不要让积垢落入酒体。

（4）开瓶后的软木塞不宜放在桌面上，可放于小碟子上给宾客过目，操作完毕后一起带走，不要留在餐桌上。

任务实训

1. 物品准备：葡萄酒开瓶器、葡萄酒瓶（内装清水，塞上软木塞）、干净的白色餐巾等。

2. 训练要求：

（1）教师示范开启葡萄酒瓶。

（2）学生分为若干组进行模仿和学习，轮流训练，成员之间相互评价及纠正，明确各步骤的动作要领。

（3）各小组派代表进行技能展示与交流。

任务评价

评价内容	评价要点	学生自评		学生互评		教师评价	
		分值	得分	分值	得分	分值	得分
葡萄酒开瓶	用开酒刀切开并揭去封口锡纸	10		10		10	
	用服务巾擦拭瓶口	10		10		10	
	将酒钻螺旋锥垂直插入软木塞	20		20		20	
	垂直旋转钻柄直至钻头螺纹的 3/4 进入软木塞	20		20		20	
	按下开瓶器支撑杆，扣住瓶口边缘	20		20		20	
	垂直提起开瓶器，将软木塞往上拉	20		20		20	

拓展延伸

葡萄酒的储存

葡萄酒是唯一一种装瓶后仍在继续成熟、变化的酒，它似乎是有生命的，因此，再好的葡萄酒，如果不妥善保存，也会影响品质。储存葡萄酒时应注意以下几点：

（1）适宜的温度：葡萄酒的储存温度要求在 11 ～ 14℃左右，且温度要稳定。

（2）适宜的湿度：湿度过大容易使软木塞和酒标腐烂；湿度过小会使软木塞变得干燥而失去弹性，无法紧封瓶口。

（3）避光保存：平时将照明灯熄灭，避免长时间的光照，一些刺目的灯（如霓虹灯）等容易使酒变质。香槟酒对光线较为敏感，而白葡萄酒受阳光直射后会变为棕色。

任务三 斟倒酒水

| 任务描述 |

晚上八点多，薇尼诗扒房正处于用餐高峰期，所有服务员都在有条不紊地为客人提供用餐服务。汤姆夫妇正在享用菲力牛排，餐厅舒缓的音乐让他们兴致盎然，遂点了一瓶红葡萄酒助兴。这时，经理派出了服务员小茹为他们提供斟酒服务，小茹看到烛光晚餐有点兴奋和紧张，斟酒时不小心将红葡萄酒滴在了洁白的纯棉台布上，小茹的脸一下子红到了耳根，汤姆夫妇虽然连说没事，但显然他们的用餐氛围已经没那么浪漫了。

| 任务目标 |

掌握斟酒的动作要领、标准、方法和顺序，能够熟练地提供葡萄酒斟倒服务。

| 任务准备 |

一、徒手斟酒技能

徒手斟酒主要包括准备、站位、斟倒和回瓶四个要点，如表 2-3-6 所示。

表 2-3-6　徒手斟酒的要点及操作规范

要点及操作规范	图例	要点及操作规范	图例
准备：将餐巾折叠成条状包于瓶颈，不能遮挡酒的商标，右手握住酒瓶的包布。 左手持一块折叠成小方形的餐巾置于背后		站位：站于客人右后侧，右腿在前，插站于两席椅之间，身体侧向客人，左腿在后稍稍踮起，上身略微前倾	

续表

要点及操作规范	图例	要点及操作规范	图例
斟倒：左手置于身后，右手放于酒瓶中下段，叉开拇指，食指略指向瓶口，其余三指并拢握住瓶身，掌心贴于酒的商标的另一方，商标朝向客人，小臂与酒瓶呈45°角，巧用腕力斟倒		回瓶：斟至适量时稍停，将瓶口稍前倾并抬高约 1cm，旋转瓶身使最后一滴酒均匀地分布在瓶口上，避免滴落，以弧线路径收回。斟完酒，用左手中的服务巾擦拭瓶口以免溜酒	

二、葡萄酒的服务程序

葡萄酒的服务程序如表 2-3-7 所示。

表 2-3-7　葡萄酒的服务程序

程序	要点	图例
向客人示酒	领取酒水后将瓶身擦拭干净，检查瓶内有无悬浮物、浑浊沉淀，瓶身是否破裂。 站在客人右侧，右手握住瓶颈部稍靠近瓶口的位置，左手用折叠好的服务巾托住瓶底，抓住酒瓶呈 45°，酒标正面朝向客人。 介绍展示标签、酒名和酿酒日期等，请客人确认瓶口是否完好，酒标是否完整，产区、年份、品种是否正确等，以示尊重	
保持适饮温度	如服务白葡萄酒或香槟酒，应准备冰桶，加 1/3 的冰块并注水至 2/3 处，将酒瓶放入冰桶内，酒标朝上，将服务巾折成长条状挂在冰桶上。 如服务红葡萄酒，应将酒瓶放在酒篮中，酒标朝上，在客人饮用之前开启，或开启后倒进醒酒瓶里，等上菜时再进行斟倒	
为客人打开酒瓶盖	将酒瓶放在桌上开启，先用开酒刀将瓶口凸出部分的铅封割除，再用餐巾将瓶口擦拭干净，将开瓶器慢慢钻入瓶塞，做到动作果断、敏捷	

续表

程序	要点	图例
服务客人试酒	用消毒过的餐巾将瓶口及瓶口内部擦拭干净。在主人的杯中倒入约 1/5 酒，请主人品尝试酒，待其满意后方可为其他客人斟酒	
为客人斟酒	斟倒白葡萄酒时须用服务巾包裹瓶颈，避免体温影响酒质或酒瓶出现水珠外滴的现象；斟倒红葡萄酒徒手即可。斟酒量要均匀，红葡萄酒为 1/2 杯，白葡萄酒为 2/3 杯。为客人斟完红葡萄酒并放置回酒篮后，可将叠好的餐巾放在瓶口下以防酒滴出	

任务实训

1. 准备餐巾、酒瓶、水、西餐宴会摆台餐具和用具。
2. 分组摆放西餐午晚餐台面或西餐宴会台面。
3. 以小组为单位，采用情景模拟法和角色扮演法进行训练，水杯、白葡萄酒杯和红葡萄酒杯按斟酒的要求斟 4/5、2/3、1/2 杯。
4. 小组成员中 1 人进行练习，1 人辅助工作，另外 2 人参照技能考评标准进行评价，轮流训练并互评。

任务评价

评价内容	评价要点	学生自评		学生互评		教师评价	
		分值	得分	分值	得分	分值	得分
徒手斟酒	准备	10		10		10	
	站位	10		10		10	
	斟倒	10		10		10	
	回瓶	10		10		10	
服务葡萄酒	向客人示酒	10		10		10	
	保持适饮温度	10		10		10	
	为客人打开酒瓶盖	10		10		10	
	服务客人试酒	20		20		20	
	为客人斟酒	10		10		10	

拓展延伸

鸡尾酒会

鸡尾酒（Cocktail）是一种混合饮品，通常以朗姆酒、金酒、龙舌兰酒、伏特加、威士忌、白兰地等烈酒或葡萄酒作为基酒，由两种或两种以上的酒或饮料、果汁、汽水混合而成，可用柠檬片、水果或薄荷叶作为装饰物。

鸡尾酒会以酒水为主，可在室内或室外举行，不设座位，酒水、食物多放在餐台上，由客人自取，客人一般站着进食、品酒、自由交谈。鸡尾酒会有不同的主题，如婚礼酒会、发布酒会、庆典酒会等。按照组织形式，鸡尾酒会可分为专门酒会和正式宴会前的酒会。

板块三

服务篇

知识目标

1. 掌握西餐零点服务的流程和服务要求，能独立地为客人提供相应的服务。

2. 掌握西餐宴会服务的程序和操作标准，能为客人提供相应的宴会服务。

项目一 西餐零点服务

情景导入

一天中午，喜达屋西餐厅迎来了一对老年夫妇，两个人兴高采烈，有说有笑。服务员托尼为他们找到一张餐台，但正在翻台中。这对夫妻就先去了洗手间，当他们出来时发现那张台已经坐了其他宾客。当时正值用餐高峰期，餐厅已经客满，无奈两个人只能先在休息区等位。一刻钟过去了，托尼为他们找到另一张餐台并请他们入座，隔壁桌的小孩不停地走来走去，两位老人不禁皱起眉头。

问题

客人为何皱眉？西餐厅服务员的做法有哪些不妥？应该如何弥补？

情景简析

1. 客人皱眉的原因是对餐厅服务和用餐环境不满意。西餐用餐环境要求尽量安静。

2. 西餐厅服务员的不妥做法：服务员没有帮客人确定好座位并把它记录好；没有根据老年人的特点满足其希望安静的需求，反而为其选择了靠近小孩的位置。

3. 弥补措施：先耐心劝阻来回走动的小孩和其家长，让其尽量少走动以免影响其他顾客用餐，另外要用细致、周到的服务弥补客人之前因座位问题引起的不满。

任务一　西餐零点之餐前准备

| 任务描述 |

今天是小琪在温泉宾馆西餐厅开展实习工作的第一个月。主管告诉她说："今天零点预订的人比较多，我们要周到、细致地做好餐前准备。"小琪微笑着回答："好的，我会做好的。"那么细致、周到的西餐零点服务的餐前准备包括哪些内容呢？

| 任务目标 |

掌握西餐零点餐前准备工作的流程，能够独立、快速地做好餐前准备。

| 任务准备 |

一、西餐零点餐前准备流程

西餐零点餐前准备包括检查准备、餐台及工作台准备、餐具准备、酒具及其他物品准备和例会准备五步，如图 3-1-1 所示。

图 3-1-1　西餐零点餐前准备流程

二、西餐零点餐前准备操作要求

西餐零点餐前准备的每个程序都有相应的操作要求和具体内容，如表 3-1-1 所示。

表 3-1-1　西餐零点餐前准备操作要求

程序及图例	操作要求
检查准备： 	设施设备完好、环境干净整洁、仪容仪表符合规范、桌椅摆放整齐、空调温度合适等

续表

程序及图例	操作要求
餐台及工作台准备： 	根据餐台数量配备相应的工作台，工作台内物品归类摆放整齐，包括： 1. 刀叉勺杯：黄油刀、餐刀和餐叉、甜品勺和甜品叉、分餐勺和叉、汤勺、茶勺、瓷勺、杯具、酒具； 2. 筷子、餐碟、底垫碟、黄油碟、面包盘； 3. 菜单、餐巾纸、餐巾、干净台布、干净抹布
餐具准备： 	餐具用品齐全、充足： 1. 刀、杯具、面包盘按餐位数的 1 : 1.5 准备； 2. 烟缸按桌数的 1 : 3 准备，口布按餐位数的 1 : 3 准备； 3. 桌布按桌数的 1 : 2 准备，垫布按餐位数的 1 : 2 准备
酒具及其他物品准备： 	1. 备好葡萄酒单、开酒刀、调酒棒、托盘、杯垫、吸管； 2. 备好热水、冰水、冰块； 3. 备好番茄酱、OK 汁、胡椒末、芥末、柠檬角、辣椒汁、奶酪粉、色拉酱； 4. 备好椒盐瓶、牙签盅、糖缸、奶缸、茶壶、咖啡壶、烟缸等
例会准备： 	西餐厅经理或主管应在开餐前半小时组织服务员召开餐前例会，具体包括： 1. 总结前一天的经营情况及当日的服务准备工作，对已发生的服务缺陷和失误提出解决及改进、预防方法； 2. 明确当日经营工作的注意事项，熟悉当日的主厨推荐、特色菜肴、菜品供应等； 3. 了解当日客情、已预订客人的特殊要求，如 VIP 客人的用餐习惯、饮食偏好和禁忌等

任务实训

以下为希尔顿西餐厅的平面图，当日晚餐共有 4 组预订，其中一对情侣要求预订一张 2 人台，靠角落的位置，一位 VIP 客人要一间包房进行商务宴请，一对夫妻要宴请 6 位朋友，还有一位客人要求用餐环境安静。请根据上述要求安排好房间和座位并做好餐前的物品准备。

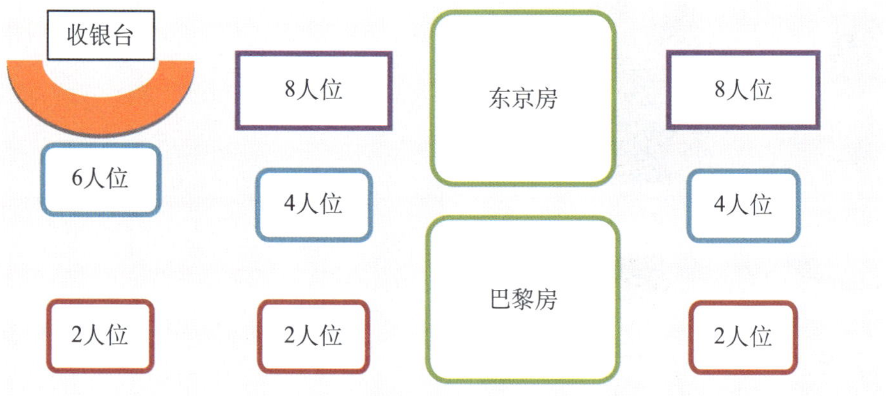

任务评价

评价内容	评价要点	学生自评		学生互评		教师评价	
		分值	得分	分值	得分	分值	得分
检查准备	仪容仪表（规范、干净）	10		10		10	
	设施、设备（齐全、完好、干净）	10		10		10	
	卫生准备（干净、整齐）	10		10		10	
餐具准备（齐全、完好、干净、无缺、无破损）	刀、叉、勺、杯准备	20		20		20	
	筷子、餐碟、底垫碟、黄油碟、面包盘准备	10		10		10	
	桌布、口巾、垫布准备	10		10		10	
其他用品准备（齐全、完好、干净、无缺、无破损）	椒盐瓶、托盘、牙签盅准备	10		10		10	
	糖缸、奶盅、烟缸准备	10		10		10	
	茶壶、咖啡壶、菜单准备	10		10		10	

拓展延伸

认识西餐

西餐服务可以让客人获得舒适、满意、难忘的用餐体验。不同国家的人饮食习惯不同，为客人提供西餐服务时一定要格外讲究礼节，既要有标准化的餐前、餐中、餐后服务流程，同时又要注意在服务时与各国的传统、观念、习俗相结合。

任务二 西餐零点之预订服务

| 任务描述 |

一个良好的预订系统不仅能够帮助餐厅有效管理餐厅座位，更重要的是可以从客人的预订中得到更多的信息以提高餐厅的服务水平，良好的西餐服务从预订开始。

| 任务目标 |

掌握预订程序，能够准确快速地为客人完成预订服务。

| 任务准备 |

一、掌握餐厅信息

在信息化时代，餐厅预订基本都通过电脑来完成。预订前，餐厅服务员应充分掌握餐厅的相关信息，如表 3-1-2 如示。

表 3-1-2 餐厅相关信息

1. 餐厅的具体位置	2. 餐厅的经营菜式	3. 餐厅的营业时间
4. 餐厅的预订方法	5. 菜肴的价格、价位	6. 餐厅的座位容量
7. 餐厅的结账方式	8. 餐厅预订状况	9. 服务费收费方法
10. 儿童的收费方法	11. 是否收取定金	12. 是否提供外卖
13. 停车服务如何	14. 酒水提供方式	

二、预订的程序

了解餐厅的基本信息后，接下来便可以接受预订了。预订形式一般多为电话，电话铃响三声内接起。预订的程序为：问候客人—接受预订—询问要求—记录预订—确认预订，如图 3-1-2 所示。

图 3-1-2　预订的程序

三、预订的要求与服务用语

在接受预订时，服务员必须登记宾客姓名、人数、就餐时间、房间号码、特殊要求等。预订的要求及服务用语如表 3-1-3 所示。

表 3-1-3　预订的要求及服务用语

预订程序	服务要求	服务用语
问候客人	1. 语言亲切，面带微笑，先用英语问好，如对方没有反应，再用汉语问好； 2. 报出餐厅名称并表达提供服务的意愿	1. “先生 / 女士，早上好 / 下午好 / 晚上好！” 2. “我能帮您什么？”
接受预订	1. 询问客人的姓名； 2. 接受预订	“先生 / 女士，请问如何称呼您？”
询问要求	1. 询问客人用餐的具体日期和时间、预订的日期和时间及人数，并留下联系电话； 2. 询问客人是否还有其他要求	1. “请问，您用餐的具体日期是 XX 月 XX 日中午（晚上）几点，用餐人数是几位？” 2. “请问，您还有其他要求吗？”
记录预订	记下客人的姓名（用大写字母）及预订日期、时间和人数	录入电脑
确认预订	1. 重复预订细节和各项要求，请客人确认； 2. 如果不能满足客人的预订或要求，要提出其他的解决办法； 3. 结束语	1. “XX 先生 / 女士，您用餐的具体日期是 X X 月 XX 日中午（晚上）XX 点，用餐人数是 XX 位，对吗？” 2. 结束语：“谢谢您，（客人的姓氏）先生 / 女士，再见！”

下面是兰登那餐厅服务人员与客人雪莉・杰克逊的电话预订实例，如表 3-1-4 所示。

表 3-1-4 电话预订实例

餐厅服务人员	客人
晚上好，这里是兰登那餐厅，您需要什么帮助呢？ Good evening，La Lanterna. May I help you?	晚上好，我想要订位。这个礼拜五，也就是 8 号的晚餐。Good evening. I'd like to make a dinner reservation for this Friday，the 8th.
好的，请稍等一下，我查一下我们的预约簿。没问题，请问您有几位？ Alright，just a moment please and I'll check our reservations book. Okay，how many people are there in your party?	六位，四个大人和两个小孩。 There'll be six，four adults and two children.
请问您的订位要从几点开始呢？ What time would you like the reservation for?	六点半。 6:30，please.
1. 好的，请问您的姓名？ Alright，and what is your name? 2. 请问要用谁的名字来预约呢？ And you'd like to book the table under what name?	雪莉 · 杰克逊。 It's Shelly Jackson.
好的，杰克逊小姐。为您预订了 6 位，8 号，礼拜五，晚上 6 点半。 OK，Ms. Jackson. So，that's a party reservation for six，Friday，the 8th at 6:30.	是的，非常感谢你。 Yes，that's right. Thank you very much.
不客气，期待您礼拜五的光临。 It's my pleasure. See you this Friday!	再见。 Good bye!

任务实训

伍太太为了庆祝自己结婚十周年（锡婚），决定在纪念日这天选一家浪漫的西餐厅进行庆祝。预订员小秦刚好接到了伍太太的预订电话。请模拟小秦和伍太太，完成以下的预订对话。

小秦（问）:	伍太太（答）:
1. 问候客人:	1.
2. 接受预订:	2.
3. 询问要求:	3.
4. 记录预订:	4.
5. 确认预订:	5.

任务评价

评价内容	评价要点	学生自评		学生互评		教师评价	
		分值	得分	分值	得分	分值	得分
问候客人	亲切、主动、热情	20		20		20	
接受预订	询问全面、清晰、明确	20		20		20	
询问要求	考虑周全、细致、耐心	20		20		20	
记录预订	记录准确、迅速、清楚	20		20		20	
确认预订	重复清晰、自然	20		20		20	

拓展延伸

西餐在中国的发展

西餐传入我国的历史可以追溯到马可·波罗在我国游历时期，但西餐真正意义上传入我国则是从鸦片战争后的“五口通商”开始的。

我国的第一家西餐厅据说是上海福州路的“一品香”，当时的北京、天津、广州也都相继出现了西餐厅。

20世纪30年代是西餐进入中国后的早期发展中最为鼎盛的时期。其后的50年中，西餐在我国逐步处于停顿甚至消亡状态。直到80年代，我国的第一家国际性合资饭店北京建国饭店成立，这标志着西餐在我国重新开始发展。

任务三　西餐零点之迎宾服务

| 任务描述 |

某天中午，米其西餐厅迎来了一对年轻的夫妻，丈夫扶着怀孕的妻子，服务员查理很快为他们找到了一张餐台并请他们入座，可是坐的却是儿童区，女方因为怀孕受不了喧闹而要求换桌，于是服务员帮他们换了一个位置，可惜也不理想。经过一番折腾，客人的脸上明显有一些不愉快。作为服务员，应如何为这对夫妇做好接下来的服务呢？

| 任务目标 |

掌握迎宾服务的工作内容并能独立地为客人提供迎宾服务。

| 任务准备 |

一、迎宾服务的程序

迎宾服务的程序包括迎接客人、引位服务、入座服务和餐巾服务，如图 3-1-3 所示。

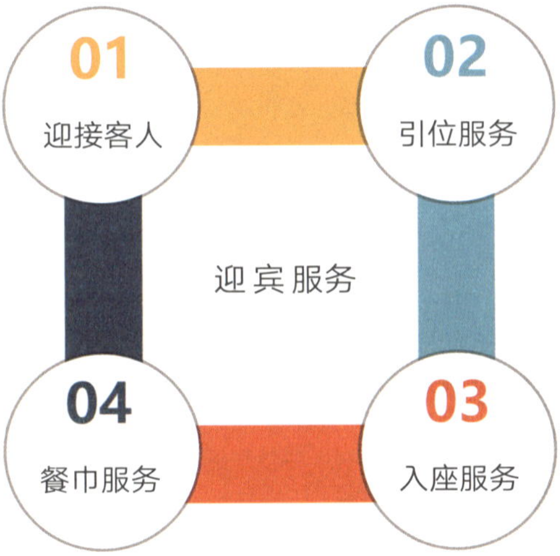

图 3-1-3 迎宾服务的程序

二、迎宾服务的操作要求及服务用语

迎宾服务的操作要求及服务用语如表 3-1-5 所示。

表 3-1-5 迎宾服务的操作要求及服务用语

服务程序及图例	操作要求	服务用语示例
迎接客人： 	1. 迎宾员站在餐厅门口迎接客人，表情自然、热情、亲切，面带微笑； 2. 询问客人是否有预订，若有预订，确认客人的姓名及人数，然后热情地引领客人至预留的餐桌； 3. 若没预订，礼貌地为客人安排合适的位置	1. 晚上好，请问您是否有预订？ Good evening. Do you have a reservation? 2. 请问以谁的名义预订的？ Under whose name is the reservation made?

续表

服务程序及图例	操作要求	服务用语示例
引位服务： 	1. 右手指引，先走两步，走在客人前方约 1m 处； 2. 与客人步频保持一致，不时回头引领客人； 3. 引领时不要走得太快，要不时回头，保持侧身前行	1. 请这边走。 This way，please. 2. 这张餐台可以吗？ How about this table?
入座服务： 	1. 拉椅：站在椅背正后方，双手握住椅背两侧，后退半步，将椅子往后拉开半步，用右手做“请”的手势，示意并说“您请坐”； 2. 让座：客人将要坐下时，双手握住椅背两侧，用膝盖稍稍顶住，将椅子往前送，使客人刚好能入座，动作要迅速，力度要适中，以免撞到客人	请坐！ Take a seat, please!
餐巾服务： 	1. 原则：先女后男，先宾后主，顺时针方向依次进行； 2. 为客人铺餐巾：双手交叉，右手在前，将餐巾轻铺在客人双膝上； 3. 离开前，对客人说“用餐愉快”	1. 请让我来为您铺上餐巾。 Allow me to put a napkin for you. 2. 请享用您的午 / 晚餐！ Enjoy your lunch/dinner，please!

任务实训

某日，一位 VIP 客人带领一行 7 人走进某西餐厅，请你采用情景模拟法为其提供迎宾服务。

任务评价

评价内容	评价要点	学生自评		学生互评		教师评价	
		分值	得分	分值	得分	分值	得分
迎接客人	问候客人	20		20		20	
	面带微笑	10		10		10	
引位服务	引领客人	10		10		10	
	引位手势	10		10		10	
入座服务	询问客人是否对座位满意	10		10		10	
	拉椅	10		10		10	
	伸手示意并说“您请坐！”	10		10		10	
餐巾服务	铺餐巾	10		10		10	
	铺餐巾时不要与客人发生身体接触	10		10		10	

拓展延伸

西餐中的喝汤方法

吃西餐时，喝汤不能吸着喝，正确的喝法是：先用汤匙由后往前将汤舀起，汤匙的底部放在下唇的位置将汤送入口中；汤匙与嘴呈 45°角；身体的上半部分略微前倾；碗中的汤剩下不多时，可用手指将汤碗略微抬高；如果用的是有握环的碗，可直接拿住握环端起来喝。

任务四　西餐零点之点单服务

| 任务描述 |

某天早上，希尔顿西餐厅吃早餐的客人很多。这时，走来一对夫妇，丈夫是外国人，妻子是中国人。服务员应如何为他们提供周到的点单服务呢？

| 任务目标 |

掌握点单服务的程序和要求，能独立完成菜肴和酒水的点单服务，能够准确填写点菜单并适当地对客推销菜肴和酒水。

| 任务准备 |

一、西餐点单服务程序和要求

西餐点单服务程序包括递送菜单、推销菜肴、点菜记录、复述确认和准确下单，如图 3-1-4 所示。

图 3-1-4　西餐点单服务程序

西餐点单服务的操作要求如表 3-1-6 所示。

表 3-1-6　西餐点单服务的操作要求

操作程序及图例	操作要求
递送菜单： 	1. 将菜单夹在左前臂，用右手从上方将菜单 / 饮料单打开，翻到第一页并说："×× 先生 / 女士，这是我们的菜单 / 饮料单。" 2. 按先女后男、先宾后主的原则呈递

续表

操作程序及图例	操作要求
推销菜肴： 	1. 主动介绍当日厨师推介及餐厅特色菜，并说："先生 / 女士，这是我们的厨师精选 / 特别推荐菜肴。" 2. 询问客人喜欢什么样的口味，然后为客人做推荐； 3. 根据客人的特点及喜好，为客人提供点菜参考
点菜记录： 	1. 在座位示意图上记录相应客人所点的菜肴； 2. 从主宾开始，站在客人右后侧 0.5m 处按顺时针方向接受点菜并填写点菜单
复述确认： 	1. 复述客人所点菜肴，请客人确认，确保下单无误； 2. 向客人说明特别菜式的烹饪时间长短等； 3. 询问牛排等的生熟程度和菜式的其他要求
准确下单： 	1. 向客人致谢并收回菜单； 2. 致意后离开餐桌； 3. 及时下单，将客人所点菜式传入厨房（包括特别要求）

西餐点菜单如表 3-1-7 如示。

表 3-1-7　西餐点菜单

<table>
<tr><td colspan="8">(　　　　　　　　　　) 西餐厅点菜单</td></tr>
<tr><td>日期</td><td></td><td>人数</td><td></td><td>台号</td><td></td><td>金额</td><td></td></tr>
<tr><td colspan="4">客人 1 (　　) 先生 / 女士</td><td colspan="4" rowspan="4">座位示意图:

经手人:
日期:</td></tr>
<tr><td colspan="4">客人 2 (　　) 先生 / 女士</td></tr>
<tr><td colspan="4">客人 3 (　　) 先生 / 女士</td></tr>
<tr><td colspan="4">客人 4 (　　) 先生 / 女士</td></tr>
</table>

二、西餐点单服务用语

西餐点单服务用语如表 3-1-8 所示。

表 3-1-8　西餐点单服务用语

程序	服务用语举例
递送菜单	1. 请您先看看菜单，女士 / 先生。 Would you please check the menu first，madam/sir? 2. 这是我们的菜单，请您先看看。 Here is our menu. Please have a look first.
接受点菜	1. 请问可以为您点菜了吗？ May I take your order now? 2. 牛排您想要几成熟呢？ How would you like your steak?
推销菜肴	1. 请允许我为您推荐我们餐厅的靓汤。 Please allow me to recommend the soup of our restaurant for you. 2. 不好意思，这道菜卖完了，您要试试……吗？ I'm sorry，this dish is sold out. Would you like to try... ? 3. 您要试试今天的主厨推介吗？ Would you like to try the chef's recommendation?
复述确认及准确下单	1. 先生，请让我重复一下您所点的菜和酒水…… Sir，may I repeat the dishes and drinks you ordered... 2. 还有什么可以为您效劳的吗？ Do you have any other needs? 3. 请稍等，您所点的菜很快就来。 Just a moment，please. Your order will be ready soon.

续表

程序	服务用语举例
结束	1. 祝您用餐愉快。 Have a nice meal. 2. 再见，欢迎下次再来！ Goodbye! Welcome again. 3. 慢走，感谢您的光临。 Mind your step and thank you for your coming.

三、西餐酒水点单服务

西餐酒水点单服务程序包括介绍餐前酒、精点佐餐酒、推荐餐后酒和开单，如图 3-1-5 所示。

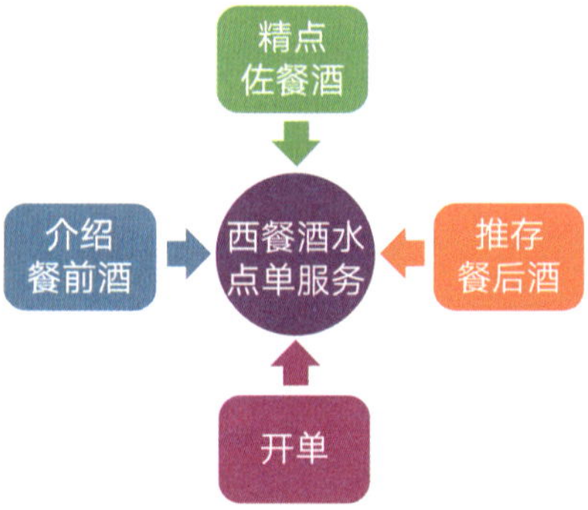

图 3-1-5　西餐酒水点单服务程序

西餐酒水点单服务操作要求和标准如表 3-1-9 所示。

表 3-1-9　西餐酒水点单服务操作要求和标准

程序	操作要求和标准
介绍餐前酒	从客人右边递上酒水单，向客人介绍开胃酒或鸡尾酒，在座位示意图上相应记下每位客人所点的酒水
精点佐餐酒	服务人员或侍酒师根据客人所点的菜品，向其推荐相应的酒水搭配
推荐餐后酒	向客人介绍并推荐餐后酒
开单	在酒水订单上记录客人所点的酒水。酒水订单一式三联，一联交收银台，凭二联到吧台领取酒水，三联留底备案

四、西餐饮料点单服务

西餐饮料点单服务程序如图 3-1-6 所示。

呈递饮料单 → 记录 → 标上特殊要求 → 复述确认 → 下单、上饮料

图 3-1-6　西餐饮料点单服务程序

西餐饮料点单服务操作要求与礼貌用语如表 3-1-10 所示。

表 3-1-10　西餐饮料点单服务操作要求与礼貌用语

程序及图例	操作要求	礼貌用语
呈递饮料单： 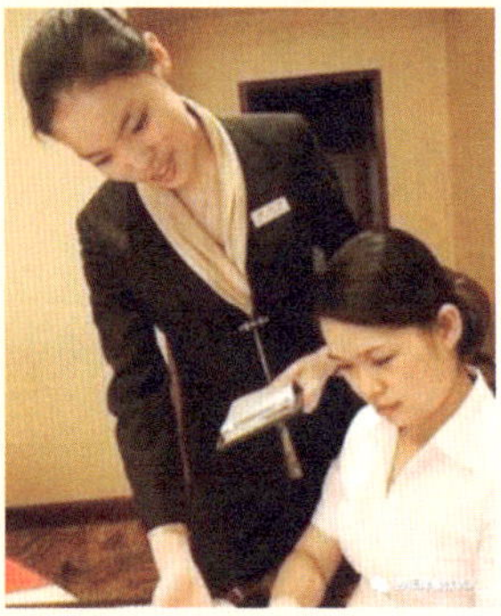	1. 呈递饮料单； 2. 询问客人是否已准备好点饮料，帮助客人点单； 3. 向客人做饮料的介绍，包括饮料的成分和味道、价格、产地	1. 女士，这是我们的饮料单，请您先看看。 Here is our drinks list, madam. Please have a look first. 2. 请问您餐前喝点什么饮料呢？我们有…… Would you like something to drink before your meal? We have...
记录： 	依次记录下客人所点的饮料	A 客人：a cup of tea. B 客人：a cup of milk.
标上特殊要求： 	标上客人的特别要求，如不加冰	一杯不加冰的大 / 小可乐 a large/small coke with no ice

续表

程序及图例	操作要求	礼貌用语
复述确认： 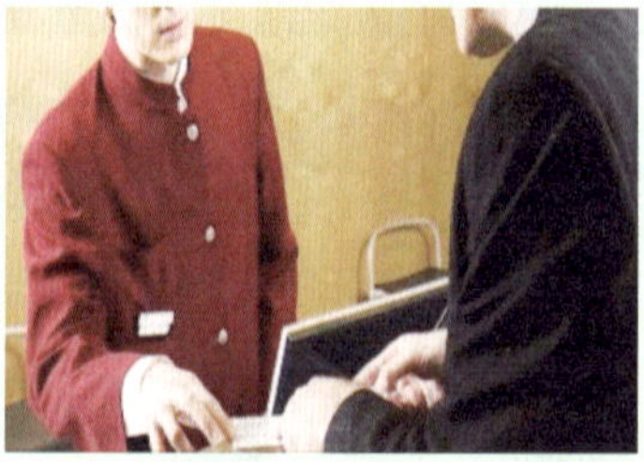	1. 重复客人所点的内容； 2. 将所点饮料内容输入点单机	先生，请让我重复一下您所点的菜和饮料…… Sir, may I repeat the dishes and drinks you ordered...
下单、上饮料： 	1. 向客人致谢，示意后离开餐桌； 2. 依次将饮料放在客人的右边上方位置	1. 还有什么可以为您效劳的吗？ Do you have any other needs? 2. 请稍等，您所点的饮料很快就来，祝您用餐愉快。 Just a moment, please. Your order will be ready soon. Have a nice meal.

任务实训

摆放西餐午晚餐台面，准备菜单若干份、点菜单、笔，小组内分工扮演客人和服务员模拟点菜服务，点菜单以作业形式上交。

任务评价

评价内容	评价要点	学生自评		学生互评		教师评价	
		分值	得分	分值	得分	分值	得分
点单服务	递送菜单、推销菜肴	20		20		20	
	点菜记录、复述确认	20		20		20	
	准确下单	10		10		10	
酒水 / 饮料点单服务	为客人点餐前酒、佐餐酒、餐后酒或饮料	20		20		20	
	重复客人所点酒水或饮料	10		10		10	
	正确下单	20		20		20	

拓展延伸

西餐座位的排列方法

西餐座位的排列与中餐有相当大的区别。如果男女二人同去餐厅，男士应请女士坐在自己的右边，不可让她坐在人来人往的过道边。若只有一个靠墙的位置，应请女士就座，男士坐在她的对面。如果是两对夫妻就餐，夫人们应坐在靠墙的位置上，先生则坐在各自夫人的对面。如果两位男士陪同一位女士进餐，女士应坐在两位男士的中间。如果两位同性进餐，那么靠墙的位置应让给其中的年长者。

任务五 西餐零点之用餐服务

| 任务描述 |

中秋佳节，王先生要与德国某公司的高管亨利洽谈，双方约定到一家西餐厅用餐。作为服务人员，请根据用餐程序为他们提供周到的西餐服务。

| 任务目标 |

能够根据菜品及酒水服务的技能要求独立地提供用餐服务。

| 任务准备 |

一、西餐菜品服务

西餐菜品服务流程包括撤换和补充餐具、服务面包和黄油、服务头盘、服务汤、服务副菜、服务主菜、服务甜点和服务咖啡或茶，如图 3-1-7 所示，每个服务流程都有具体要求。

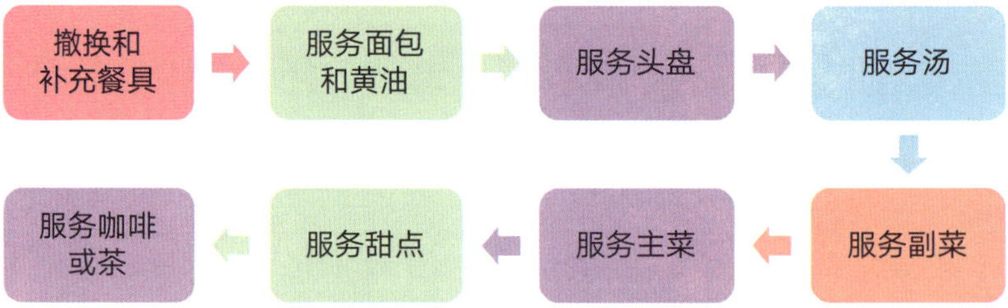

图 3-1-7 西餐菜品服务流程

西餐菜品服务操作要求如表 3-1-11 所示。

表 3-1-11　西餐菜品服务操作要求

程序及图例	操作要求
撤换和补充餐具：	1. 尽量一次性将同一类碟子或餐具撤走； 2. 根据客人所点菜品重新调整桌面； 3. 撤碟时应做到轻声、快捷、整齐
服务面包和黄油：	开餐前 5 分钟，从客人左侧送上面包、黄油，也可在餐桌的中间放上面包篮，供客人自取
服务头盘：	1. 上菜前核对座位图，从客人右侧送上并报菜名； 2. 撤盘时征求客人意见，从客人右侧将餐盘和餐具一起撤下
服务汤：	使用汤盘、配垫盘，用托盘上汤并轻声报菜名
服务副菜：	1. 若点了酒类，则先斟酒，再从客人右侧上菜，调味汁从左侧上； 2. 副菜用完后将副菜餐具撤下

续表

程序及图例	操作要求
服务主菜： 	1. 上主菜时，菜肴的主要部分靠近客人，沙司和配菜沙拉从客人左侧上，放于主菜盘上方； 2. 上牛排时应告知客人几成熟
服务甜点： 	1. 撤走主菜盘、刀叉、面包盘、黄油碟、黄油刀、椒盐瓶等； 2. 摆上甜品叉勺，从客人右侧送上甜品； 3. 适时推销餐后酒
服务咖啡或茶： 	1. 若服务咖啡，先摆好奶缸和糖缸，右手持咖啡壶，从客人右侧倒咖啡； 2. 上茶时将茶杯放在客人右手边

二、西餐酒水服务

西餐酒水服务程序主要包括示酒、开酒、醒酒、试酒、斟酒和放置，如图 3-1-8 所示。

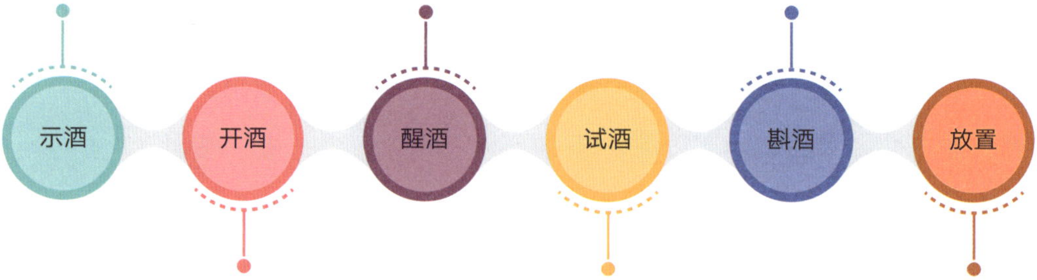

图 3-1-8　西餐酒水服务程序

西餐酒水服务操作要求如表 3-1-12 所示。

表 3-1-12 西餐酒水服务操作要求

程序及图例	操作要求
示酒： 	站在客人右前方进行示酒
开酒： 	当场为客人打开瓶盖
醒酒： 	询问客人是否需要醒酒，如需要，则在开酒后静置于酒篮 5 ~ 10 分钟，暂不进行斟酒服务
试酒： 	用一块干净的口布擦净瓶口和瓶口内部，在主人的杯中倒入约 30mL 的酒让其品尝

续表

程序及图例	操作要求
斟酒： 	斟酒时，女士及年长者优先，最后为点酒主人斟酒
放置： 	斟完红葡萄酒后将酒瓶放入红酒篮置于服务桌上；斟完白葡萄酒及香槟酒后将酒瓶放入冰桶中以保持适饮温度

任务实训

根据西餐零点的用餐及酒水服务流程进行示酒、试酒及斟酒服务训练，尝试在客人用餐过程中进行简单的对客交流。

任务评价

评价内容	评价要点	学生自评		学生互评		教师评价	
		分值	得分	分值	得分	分值	得分
撤换和补充餐具	及时、轻声、快捷、整齐	10		10		10	
服务面包和黄油	从客人左侧送上面包、黄油	10		10		10	
服务头盘	从客人右侧送上并报菜名	10		10		10	
服务汤	使用汤盘、配垫盘，轻声报菜名	10		10		10	
服务副菜	从客人右侧上菜，调味汁从左侧上	10		10		10	
服务主菜	菜肴的主要部分靠近客人，配菜沙拉从客人左侧上	10		10		10	

续表

评价内容	评价要点	学生自评		学生互评		教师评价	
		分值	得分	分值	得分	分值	得分
服务甜点	摆上甜品叉勺，从客人右侧送上甜品	10		10		10	
服务咖啡或茶	摆好奶缸和糖缸，从客人右侧倒咖啡。上茶时将茶杯放在客人右手边	10		10		10	
西餐酒水服务	按示酒、开酒、醒酒、试酒、斟酒和放置的流程为客人提供酒水服务	20		20		20	

拓展延伸

西餐厅中的音乐与气氛

一位美国美食家曾这样说：“日本人用眼睛吃饭，料理的样式很美；欧美人吃西餐，是用鼻子的；只有中国人才懂得用舌头吃饭。”吃西餐讲究环境雅致，气氛和谐，一定要有音乐相伴，桌台整洁干净，餐具洁净。晚餐时，灯光要暗淡，桌上要有蜡烛，营造一种浪漫、迷人、淡雅的气氛。

任务六 西餐零点之巡台、结账、送客、撤台服务

| 任务描述 |

夜色渐浓，有些商务客人已经放下餐具，享用高档次的威士忌，有些带小孩来的家庭用餐已接近尾声，这时候领班和服务员应如何为他们提供结账、送客服务呢？

| 任务目标 |

掌握巡台、结账、送客的服务要求，能够独立地为客人提供菜品的巡台服务以及结账、送客、撤台服务。

| 任务准备 |

一、巡台服务

在客人用餐过程中，服务员应提供巡台服务，包括帮客人添酒水或饮料，添面包和黄油，撤餐盘、餐具和用具，以及清洁桌面等，如图 3-1-9 所示。

图 3-1-9　西餐巡台服务

西餐巡台服务操作标准和要求如表 3-1-13 所示。

表 3-1-13　西餐巡台服务操作标准和要求

程序及图例	操作标准和要求
添酒水或饮料： 	当客人杯中的酒水饮料少于 1/3 时，为客人添加
添面包和黄油： 	1. 客人主菜没吃完前，适当地为客人添面包； 2. 黄油剩 1/3 时可添加
撤餐盘、餐具和用具： 	1. 客人每吃完一道菜，征得客人同意后按先女后男顺序撤盘，将刀叉放进空盘里徒手撤下； 2. 将桌面上的小件物品如杯具、烟灰缸、黄油碟等用托盘撤走； 3. 当烟灰缸中有一个烟头时就要更换

续表

程序及图例	操作标准和要求
清洁桌面：	1. 客人吃完主菜且餐具撤走后需要清洁桌面，准备一个小餐盘及一块折叠好的餐巾或抹布，左手托住小餐盘底部，右手用折叠的抹布将食物碎屑扫入盘中； 2. 清洁时从客人左边开始，按逆时针方向进行

二、结账和送客服务

结账应按程序要求把工作做好，避免出现错单、漏单和逃单的情况，然后送客。其操作程序与具体内容如表 3-1-14 所示。

表 3-1-14 结账和送客服务操作程序与具体内容

程序及图例	具体内容	服务用语示例
结账：	1. 客人要求结账时，询问客人要一起买单还是分开买单，请客人稍等，到收银处为客人打印账单； 2. 核对账单上的内容及消费额是否准确； 3. 将账单放入账单夹或小银盘中，站在主人或结账客人的右侧，双手打开账单夹，请客人核查； 4. 不要报出金额，可用手示意金额处，也不要让其他客人看到账单	1. 请问是一起买单还是分开买单呢？ Excuse me，would you like one bill or separate bill? 2. 先生，这是您的账单。 Sir，here is your bill. 3. 请您在账单上签字。 Please sign on the bill.
送客：	1. 客人起身离座时，及时上前为其拉开座椅； 2. 提醒客人带好随身物品； 3. 将客人送至餐厅门口，致谢并道别	1. 请带齐您的物品。 Please bring your belongings with you，sir. 2. 谢谢光临，再见。 Thank you for your coming，bye-bye.

三、收尾工作

（一）收台

将餐台四周的椅子摆齐，清点餐具，收走餐巾，用托盘撤离所有餐盘、玻璃杯、咖啡杯、烟灰缸等。

（二）撤换台布

将脏台布对折撤走，铺上干净的台布，擦拭干净桌上物件，如调味瓶、花瓶，并放回台面。

任务实训

以小组为单位，为客人提供添酒水或饮料、添面包和黄油、撤盘和清洁桌面的服务；使用英语进行巡台服务、结账和送客的训练。

任务评价

评价内容	评价要点	学生自评		学生互评		教师评价	
		分值	得分	分值	得分	分值	得分
西餐巡台服务	添酒水或饮料	20		20		20	
	添黄包、黄油	20		20		20	
	帮客人撤餐盘、餐具和用具	20		20		20	
	清洁桌面	10		10		10	
结账和送客服务	结账	20		20		20	
	送客	10		10		10	

拓展延伸

西菜之首——法式大餐

法国人不仅讲究吃的内容，还讲究吃的环境和吃的情趣。在法国菜中，除了猫、狗肉之外，肉食可谓品种繁多，有大家熟知的蜗牛、青蛙腿、马肉，还有一般传统肉类；海鲜更不在话下：生蚝、龙虾、螯虾、蜘蛛蟹及各种海贝；鱼类主要为海鱼，最受欢迎的有海鲂、狼鱼、鳎鱼、大菱鲆等。

项目二 西餐宴会服务

情景导入

某国际大公司年终时在皇子酒店宴会厅举办一场西餐宴会，答谢新老客户 50 人。餐厅主管安排新员工安娜跟着“金牌”员工查理实习。查理在客人抵达之前反复检查宴会厅的各项设施设备、餐具物品，并拿着宴会预订单跟厨房反复沟通确认菜肴。安娜心里嘀咕：“有必要那么紧张吗？”到了宴会举办的这一天，安娜与查理一起调制餐前鸡尾酒，有位客人来到吧台前问：“你们的鸡尾酒是不同调酒师调出来的吧？这杯真的不敢恭维。”安娜一看，正是自己调制的那杯，她的脸一下子红了，为自己的怠慢感到惭愧。

问题

安娜的服务态度出现了什么问题？在接下来的宴会服务中她该怎么做？

情景简析

在态度上，安娜对宴会没有引起足够的重视，对宴会的服务工作准备不足，事先没有提升自己的调酒技能。在接下来的宴会服务中，安娜应该虚心跟查理学习，重视宴会服务的每个细节并提前认真实践。

任务一 西餐宴会之预订服务

| 任务描述 |

1 月 19 日上午，希尔酒店的销售部主任丽丽接到预订电话，客户拟安排 100 位外宾用餐，采用西式宴会方式进行。时间安排在周三的 18:00，餐费标准为人均 35 美元，酒水标准为人均 15 美元。丽丽应如何完成这项预订工作呢？

| 任务目标 |

正确填写宴会预订书，能够独立进行宴会预订服务。

| 任务准备 |

西餐宴会是指按照西方国家的礼仪习俗、饮食习惯、宴会形式举办的高级用餐形式。

西餐宴会的预订程序主要包括预订洽谈、了解预订需求、接受预订、填写预订单、发布预订通知、预订变更，如图 3-2-1 所示。

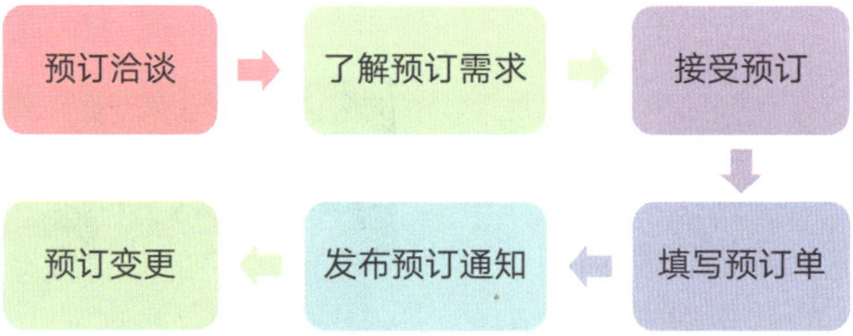

图 3-2-1　西餐宴会预订流程

掌握西餐宴会的预订流程并能独立地完成宴会的预订业务是预订员和销售员应具备的基本能力。西餐宴会预订服务的操作要求如表 3-2-1 所示。

表 3-2-1　西餐宴会预订服务的操作要求

程序及图例	操作要求
预订洽谈，了解预订需求，接受预订： 	预订洽谈： 了解本饭店的宴会场所、设施、宴会档次、菜点，能为客人提供建议，善于议价 了解预订需求，接受预订： 注意洽谈细节，尽力满足客人需求，接受预订

续表

程序及图例	操作要求
填写预订单： 	1. 填写预订单。详细填写如下项目：举办宴会的日期、时间；预订人的姓名、联系方式、单位名称；宴请对象、出席人数；宴会活动类型、菜单及酒水要求；收费标准与付款方式；拟举办宴会的宴会厅名称、布置要求；备注事项；经办人姓名及填写日期。 2. 填写宴会活动日记本：需填写宴请日期和时间、客户电话号码、人数、宴会厅名称、活动名称，并注明是确定还是暂定。 3. 签订宴会合同书。宴会的举办确定下来后，为保障客户与饭店自身的权益，应送交客户确认信，签订宴会合同书。 4. 收取订金。大型宴会一般收取宴会费用 10% ～ 15% 的订金，对于信誉良好的常客可不收取订金。 5. 建立预订档案。将预订单分为“暂定”和“确定”两类归档，与客户保持联络
发布预订通知： 	填写宴会通知单并送往有关部门
预订变更： 	1. 宴会的变更与取消：提前两天联系客户进一步确定已谈妥的事项，如有变更项目，应填写宴请变更通知单发往有关部门。如果客人取消预订，应填写取消预订报告并通知有关部门。 2. 督促检查：预订员应督促检查宴请活动的准备工作，确保宴会的顺利举办

任务实训

以小组为单位练习电话预订和面谈预订，上网搜集宴会活动日记本、宴会合同书、宴会预订档案、宴会通知书及宴请变更通知单的样本，在班级分享并填写宴会预订单（见下表）。

宴会预订单

预订日期		预订人姓名		电话	
单位		宴会名称		宴会类别	
宴会厅名称		预计人数		最低桌数	
地址		人均餐标		宴会费用	
具体要求	菜单	酒水		宴会布置	1. 台形要求 2. 主桌台形要求 3. 设备要求
结账方式		预收订金		确认签字	

任务评价

评价内容	评价要点	学生自评		学生互评		教师评价	
		分值	得分	分值	得分	分值	得分
宴会预订洽谈	与宾客洽谈宴请事项及细节，接受预订	20		20		20	
填写宴会预订单	详细填写宴会单各子项目	30		30		30	
	签订宴会合同书	10		10		10	
	发送预订通知	20		20		20	
宴会的变更与取消	发送宴会的变更与取消通知	10		10		10	
	督促检查	10		10		10	

拓展延伸

西餐品酒三部曲

品酒时，要用眼、鼻和口来鉴别酒液的色、香、味。简单来说，品酒可分为以下三个主要步骤。

1. 用眼睛观赏酒液的颜色

试酒前，微微举起酒杯，轻轻打圈摇晃，先欣赏酒液的“挂杯”情况，再于灯光下观赏其色泽，并留意酒中是否清澈无杂质。

2. 用鼻子去感受酒香

握紧杯脚，让红酒在杯内晃动，跟大量空气接触，释放香气，然后将酒杯凑近鼻子，慢慢感受酒香。分辨出酒液中的果味、木味、花味、泥土味以及酒的级数。

3. 呷一口酒，让酒香在口腔中慢慢释放散开

应先呷一口，让味蕾感受酒的味道，然后慢慢喝下，忌“咕咚咕咚”的喝下去。

任务二 西餐宴会之餐前准备工作

| 任务描述 |

凯悦大酒店宴会部即将迎来 HISOA 公司成立 10 周年庆典的西餐宴会，在宴请活动的前两天，宴会厅的工作人员开始忙碌起来。HISOA 公司对菜肴和服务的要求很高，预计的用餐人数有 150 位。宴会部人员需要从场地布置、物品准备、宴前检查等方面入手，做好充分的准备工作。

| 任务目标 |

熟悉宴前检查工作的内容及要求，能够做好西餐宴会的准备工作。

| 任务准备 |

一、掌握宴请情况，明确任务

（一）了解宴会的基本信息

了解宴会的规格与标准、来宾的个人信息及身份、宴会的台数与人数、开餐时间与菜式品种等。

（二）熟悉菜单，准备餐具和用具

宴会服务人员应事先了解菜单，并根据菜单准备好相应的餐具和用具。

（三）召开例会，明确任务

分配工作任务，明确各人员的职责和完成任务的注意事项。

二、布置西餐宴会场地

服务人员进行陈设和物品装饰，营造豪华高雅、优美舒适的环境氛围。

（一）设计台形

西餐宴会台形分为“一”字形长台、“U”字形台、“E”字形台和“T”字形台，如表 3-2-2 所示。

表 3-2-2　西餐宴会台形

“一”字形长台： 通常设在宴会厅正中央，适合 20 人以下的小型宴会 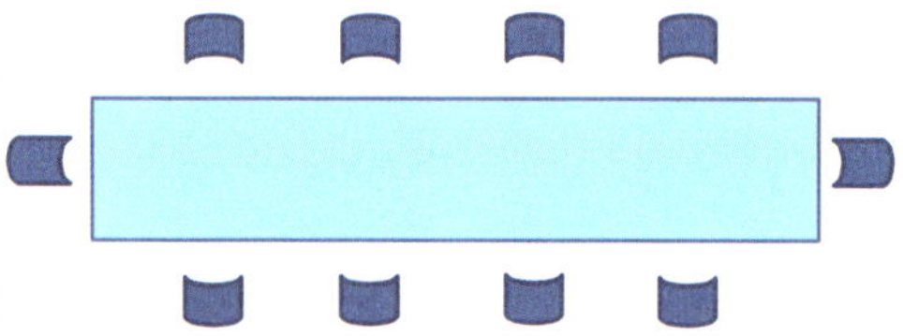	“U”字形台： 餐台的凹处可用于现场表演或布置观赏性装饰物，适合 40 人左右的宴会 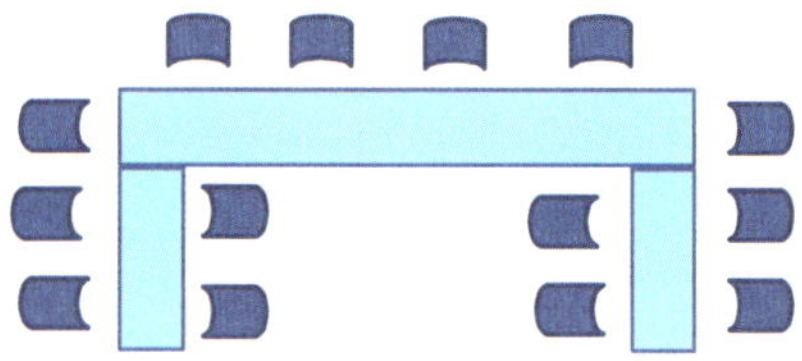
“E”字形台： 三翼长度相等，适合 60 人左右的宴会 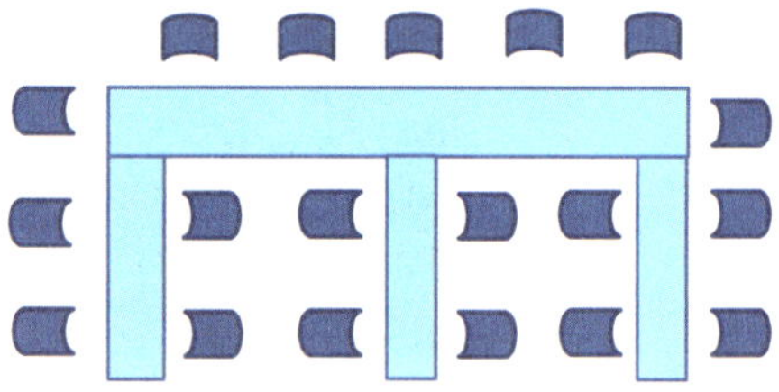	“T”字形台： 适合 60 人以上的宴会 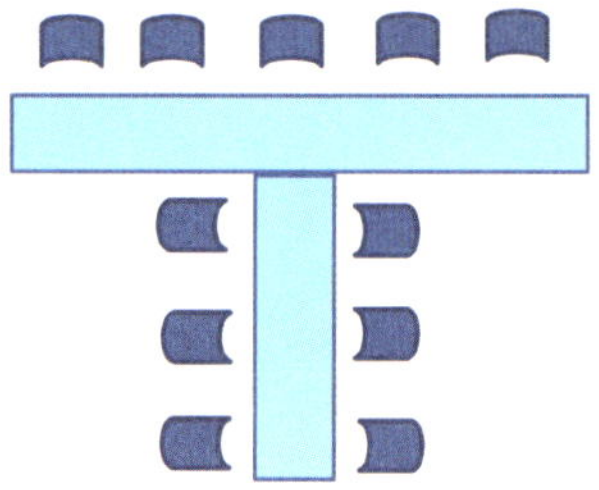

（二）布局餐桌

布局餐桌时应突出主桌，主桌的席椅、台布、桌花等装饰要与其他餐桌区别开。

（三）布置美化现场

（1）布置休息室。必要时可分设男宾休息室和女宾休息室。

（2）布置会场。根据宴会的目的、性质和举办者的要求，相应布置好主席台、致辞台、舞台，调试好音响、麦克风等。

三、西餐宴会的物品准备

西餐宴会需要准备的物品包括工作台、餐饮用具、酒类饮品、面包和黄油等，如表 3-2-3 所示。

表 3-2-3　西餐宴会的物品准备

物品准备	物品准备要求和标准	图例
准备工作台	根据宴会的标准和要求准备工作台，工作台上摆放冰水壶、咖啡杯具、茶具、托盘、烟灰缸、服务用具等。备餐间内准备面包篮、黄油、酒水、调味品等	
准备餐饮用具	根据菜单所列的菜肴和酒水，备齐餐具、酒具及用具。 准备金属器具、瓷器用具、杯具、棉织品等，备用餐具应占宾客人数的 1/10。 准备服务用具，如席位卡、烛台、开瓶器、冰桶、洗手盅等	
准备酒类饮品	设小酒吧间或在宴会一侧设吧台，按菜单要求领取酒水并码放整齐，备好冰桶、开瓶器等。 兑好鸡尾酒及其他饮料，需冰镇的，提前降温。 准备冰水和矿泉水，开餐前斟入客人水杯中	
准备面包、黄油	开餐前 10 分钟将面包、黄油分别放入面包盘和黄油碟中，所有宾客的面包种类和数量要一致	

任务实训

以小组为单位在西餐实训室尝试进行西餐宴会的台形设计与组合。根据所设计的台形及席位总数列出所需要的物品，进行物品的准备及检查。

任务评价

评价内容	评价要点	学生自评		学生互评		教师评价	
		分值	得分	分值	得分	分值	得分
西餐宴会的物品准备	工作台准备	20		20		20	
	餐饮用具准备	20		20		20	
	酒类饮品准备	20		20		20	
	面包、黄油准备	20		20		20	
	酒吧区准备	20		20		20	

拓展延伸

西餐厅室内环境的营造法式

西餐厅室内环境的营造方法是多样化的，大致有以下几种：

（1）欧洲古典气氛的风格营造：常运用拱券、铸铁花、扶壁、罗马柱、夸张的木质线条等来营造室内的欧洲古典风情。

（2）乡村气息的风格营造：田园诗般恬静、温柔、富有乡村气息。

（3）前卫的高技派风格营造：巧妙运用各种灯光构成室内温馨、时尚的气氛。

（4）运用丰富的色彩：针对不同主题、不同文化背景运用不同的色调。

任务三 西餐宴会之服务程序

任务描述

希尔顿酒店宴会厅正举行 TONU 公司成立 10 周年庆典的西餐宴会，宴会期间安排有宾主讲话及香槟祝酒环节，现场气氛热烈，觥筹交错。服务员和领班穿梭在 130 位宾客中间，各服务人员配合默契，提供高规格的宴会服务。作为新入职不久的你，准备好加入他们的服务行列了吗？

| 任务目标 |

熟悉西餐宴会用餐服务程序，能为客人提供满意的餐前服务和餐间服务。

| 任务准备 |

一、西餐宴会餐前服务

正式的西餐宴会开始之前，在宴会厅的一侧或门前酒廊会设置一个小型的酒会招呼先来的客人。这种酒会持续时间为半小时到一小时，主要是设几张小餐台，放上各式小点心，如蛋糕、油炸小点心、干果、蔬菜条等，供宾客自行取用，同时还要摆设鲜花，放置餐巾纸等用品。

二、西餐宴会餐间服务

西餐宴会餐间服务程序包括宾客入座服务、黄油和面包服务、开胃菜服务、上汤服务、副菜服务（海鲜菜肴服务）、主菜服务、甜点和水果服务、咖啡或茶服务。如图 3-2-2 所示。

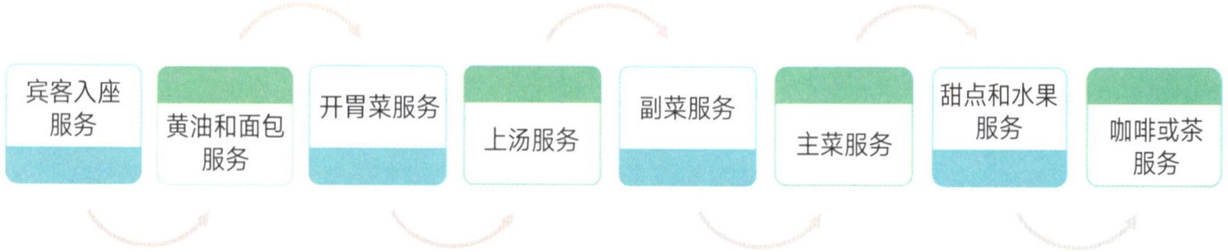

图 3-2-2 西餐宴会餐间服务程序

西餐宴会餐间服务操作要求如表 3-2-4 所示。

表 3-2-4 西餐宴会餐间服务操作要求

程序及图例	操作要求
宾客入座服务： 	1. 为客人拉椅让座，待客人入座后，为客人铺上餐巾，遵循先宾后主、女士优先的原则； 2. 征得主人同意后立即通知厨房准备上菜

续表

程序及图例	操作要求
面包和黄油服务： 	1. 宴会开始前几分钟从客人左手边分派面包，摆上黄油； 2. 随时给客人续添面包，面包盘直到撤主菜盘时方可一同撤掉
开胃菜服务： 	1. 如开胃菜配有酒水，应先为客人斟酒，再上开胃菜； 2. 待客人用完开胃菜后，从客人右侧撤餐盘和刀、叉
上汤服务： 	1. 上汤时应加垫盘，从客人右侧送上，准确报出汤的名字； 2. 喝汤时一般不喝酒，但若安排了酒类，则应先斟酒，再上汤； 3. 待客人用完汤，征得同意后，从客人右侧将汤碗、汤碟、汤勺一同撤下
副菜服务： 	1. 海鲜菜肴应配以冰镇白葡萄酒，经主人品尝、认可后，方可按次序斟酒，然后上菜； 2. 斟白葡萄酒时，须用餐巾将瓶身包裹好，但不要遮住商标； 3. 待客人吃完海鲜类菜肴后，即可从客人右侧撤下餐盘及刀、叉
主菜服务： 	1. 主菜应配以红葡萄酒，经主人品尝、认可后，方可按次序斟酒； 2. 肉食的最佳部位要对着客人放，而配菜自左向右按白、绿、红的顺序摆好； 3. 主菜后的色拉要立即跟汁，色拉盘应放在客人的左侧

续表

程序及图例	操作要求
甜点和水果服务：	1. 先撤下桌上酒杯以外的餐具，即主菜餐具、面包碟、黄油盅、胡椒盅、盐盅； 2. 换上干净的烟灰缸，摆好甜品叉匙，水果摆在水果盘里，跟上洗手盅、水果刀叉
递洗手盅和香巾：	1. 递洗手盅和香巾。客人吃完虾、蟹、螺等带壳的菜肴后，应跟上洗手盅和香巾，盅内放温水，用托盘递至客人右上方； 2. 吃水果之前或用餐完毕后，应跟上洗手盅和香巾，用法同上
咖啡或茶服务：	1. 问清客人喝咖啡还是茶，随后送上糖缸和淡奶壶，准备咖啡具、茶具； 2. 咖啡配糖和淡奶，普通红茶配糖和淡奶

三、西餐宴会餐后服务

西餐宴会餐后服务程序包括结账、送客、撤桌、回访、建档，如图 3-2-3 所示。

图 3-2-3　西餐宴会餐后服务程序

二、自助餐宴会的餐台摆放

自助餐宴会多以冷菜为主，辅以甜品、热汤和酒水；可分为坐式和立式两种。

（一）坐式自助餐宴会

举办坐式自助餐宴会，需根据宾客的人数安排餐桌和座椅。餐桌的摆设要求同西式主题宴会。除主桌设座席卡外，其他各桌用桌花区别，由宾客自由选择入座。

（二）立式自助餐宴会

立式自助餐宴会，即宾客参加宴会采用站立式用餐方式。

在宴会厅可不设餐桌椅，只是分区域设立小型的服务台，台上摆放烟灰缸、纸巾等简单用品供宾客使用；也可以在大厅四周摆放几张桌椅，供宾客随意使用。

三、自助餐宴会的服务程序

（一）服务准备

自助餐宴会服务准备及其操作要求如表 3-2-6 所示。

表 3-2-6　自助餐宴会服务准备及其操作要求

服务准备及图例	操作要求
物品准备： 	1. 将柜台、杯架、金属表层、柜台表面擦干净； 2. 托盘、餐巾、餐具要备足，餐桌和杯架必须整洁、安排有序； 3. 服务用具和餐碟供应要做适当的组合：同型号的餐碟要摆放在同一条线上； 4. 垫、凳及各类桌子应准备好

续表

服务准备及图例	操作要求
食品准备： 	1. 调料、调味品和事先包装的食品应放在适当的地方； 2. 冷热饮料、食品及色拉、甜点、面包等要精心加以装饰后展示； 3. 展示主菜时，切好的肉片应堆高一些，肉丸直线排放，肉块应放在盘中部； 4. 水果和蔬菜等色拉的安排要具有一定高度并成不同形状，安排色拉时，要把同一类不同颜色的菜品放在一起，以便客人挑选； 5. 甜点柜台和其他部分应该干净、安排有序，甜点应根据食品和容器的不同，按类组排，保持摆放匀称和成直线，并便于客人挑选； 6. 要使食品的装饰有吸引力，能刺激人们的食欲

（二）提供服务

自助餐宴会的服务程序如图 3-2-4 所示。

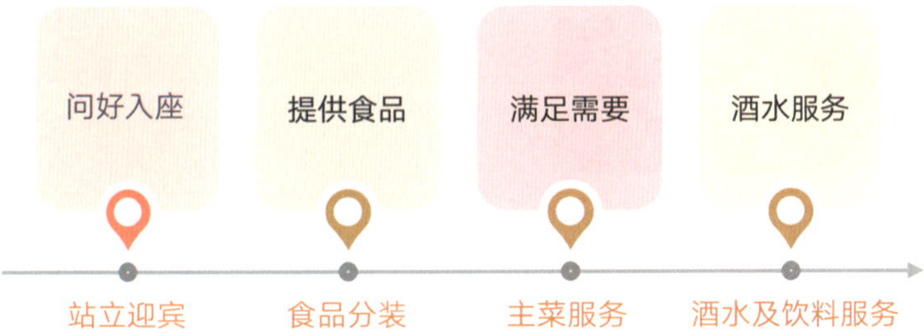

图 3-2-4　自助餐宴会的服务程序

自助餐宴会服务的操作标准如表 3-2-7 所示。

表 3-2-7　自助餐宴会服务的操作标准

程序及图例	操作标准
站立迎宾： 	1. 提前 15 分钟到场； 2. 检查仪容仪表是否规范； 3. 在固定位置站立迎接客人

续表

程序及图例	操作标准
食品分装： 	1. 按客人要求的分量提供食品； 2. 装盘时不要让食品超出盘的边缘； 3. 事先将色拉按分量分到每个餐盘中，不要破坏盘中色拉的装饰
主菜服务： 	客人取食品时，要给客人送盘，向客人推荐和分送食品，协助客人取餐
酒水及饮料服务： 	酒水及饮料由客人自己取用或由服务员提供服务

（三）自助服务

自助服务的工作包括：

（1）帮助老年、伤残、带小孩的客人入座。

（2）为每位客人添加水、冰块、茶和咖啡等客人所需要的饮品。

（3）如有不方便自取食物的客人，应主动根据客人喜好为其取菜。

（4）关注食品台上的菜量，及时通知厨房补充。

（5）在餐厅勤巡视，给客人送盘，向客人推荐和分送食品，协助客人取餐。

（6）应避免与客人相撞。

（7）主动收拾空杯碟，保持餐台的干净、整洁。

（8）在收撤客人用过的餐盘、杯具时，不要惊动客人。

（四）自助餐宴会的结束工作

自助餐宴会的结束工作包括结清账目、列队送客、清洁工作、服务小结，如图 3-2-5 所示。

图 3-2-5　自助餐宴会的结束工作

任务实训

希尔顿酒店接到了 B 公司年终庆功会的自助餐宴会订单。以小组为单位，在实训室进行本次宴会餐台、餐具及其他必备服务用具的准备训练。

任务评价

评价内容	评价要点	学生自评		学生互评		教师评价	
		分值	得分	分值	得分	分值	得分
自助餐宴会服务	站立迎宾	10		10		10	
	食品分装	20		20		20	
	主菜服务	10		10		10	
	酒水及饮料服务	10		10		10	
自助服务	能否主动地提供自助服务	20		20		20	
	自助服务是否及时、到位、周到、满意	20		20		20	
团队合作	是否注重团队合作	10		10		10	

拓展延伸

自助餐的起源

相传，自助餐是海盗最先采用的一种进餐方式，海盗们用餐时讨厌那些用餐礼节和规矩，只要求餐馆将他们所需要的各种饭菜、酒水用盛器盛好，集中放在餐桌上，然后由他们肆无忌惮地豪吃畅饮，吃完不够再加。

久而久之，人们觉得这种方式也有许多好处，对顾客来说，用餐时不受任何约束，吃多少取多少；对酒店经营者来说，省去了顾客的桌前服务，为企业降低了用人成本。因此，这种自助式服务的用餐方式很快在欧美各国流行。

板块四

礼仪篇

知识目标

1. 了解服务礼仪在西餐服务中的重要作用。

2. 掌握西餐中服务人员应具备的服务技巧与服务意识。

项目一 西餐服务人员的形象礼仪

情景导入

李先生是一家著名外贸公司的总经理，来某市出差时住在一家五星级酒店。当天晚上，李先生约了合作方负责人郑先生在酒店西餐厅共进晚餐。晚餐期间，西餐厅客人熙熙攘攘，十分热闹。服务员小王是个热情、服务态度极好的员工，由于当天太忙碌，小王的工作服已经被汗水浸湿，头发有些凌乱。

李先生到店时，小王马上笑脸相迎，可是李先生却皱了皱眉。随后，李先生坐下等候郑先生。当郑先生到达西餐厅的时候，小王又马上笑脸相迎，用食指指向李先生的位置，说："郑先生，您的朋友已经在那等候您了。"李先生当场黑了脸，怒气冲冲地带着郑先生离开了西餐厅。

问题

1. 请分析服务员小王有哪些不合规范的行为。
2. 如果你是小王，你会如何注意形象礼仪？

情景简析

1. 小王的头发凌乱，没有做适当的整理，仪容仪表不合格；当郑先生到达的时候，小王用食指给客人指引，手势礼仪不合格。

2. 如果我是小王，我会找到适当的时间，到卫生间整理自己的仪容仪表，向客人展示最好的一面；当郑先生到达时，我会做出横摆式的手势礼仪，指引客人。

任务一 仪容仪表

| 任务描述 |

假设你就要去希尔顿酒店的西餐厅实习了，作为一名西餐厅服务员，你知道什么样的仪容仪表才是符合规范的吗？

| 任务目标 |

能够正确掌握西餐厅服务人员仪容仪表的要求。

| 任务准备 |

仪容指的是人的面容装扮，仪表指的是人的衣着打扮，清爽得体的面容、干净整洁的着装会给客人留下深刻的印象，使人赏心悦目。

一、着装

女服务员工装多为裙装，男服务员工装多为西装，上岗时需着工装上岗，按要求穿戴整齐。服务员着装标准如表 4-1-1 所示。

表 4-1-1　服务员着装标准

女服务员着装标准及图例	男服务员着装标准及图例
1. 工装合身得体，裤脚长至脚面、裙摆长至膝盖为宜； 2. 工号牌水平佩戴在工装左胸上方，不宜在工装上佩戴与服装不符的小饰品，比如胸花、钥匙扣等小饰物； 3. 穿肉色丝袜，外表无破洞、无脱丝 	1. 穿深色长筒袜子，佩戴黑色皮带，皮带上勿挂其他饰物； 2. 若工装配有领带，则打的领结应大小适中，系好的领带下端要和皮带扣的上沿对齐，并且要保持正、紧 

二、发式

男女服务员的发式标准各不相同，如表 4-1-2 所示。

表 4-1-2　服务员的发式标准

女服务员的发式标准及图例	男服务员的发式标准及图例
1. 长发标准：长发需盘起，发髻高度以不过衣领为准； 2. 短发标准：短发不过领，虚发要用发胶定好型； 3. 刘海不盖眉； 4. 头发干净有光泽且无头屑； 5. 不佩戴除餐厅规定外的发饰 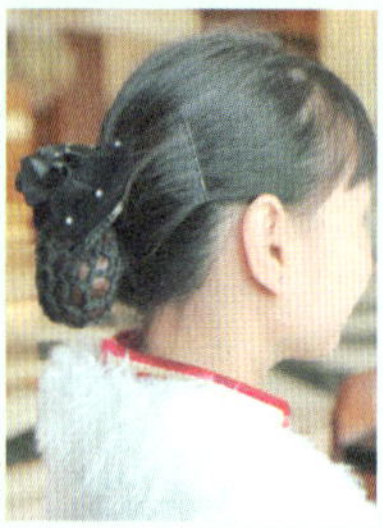	1. 头发保持干净、无头屑、有光泽，不染发，不烫发，不理怪异的发型； 2. 头发长度大于 1cm，前面刘海不及眉，后面头发不过衣领，两边鬓角不过耳朵中部； 3. 用发胶梳理头发时，注意不能显得太湿或者太油 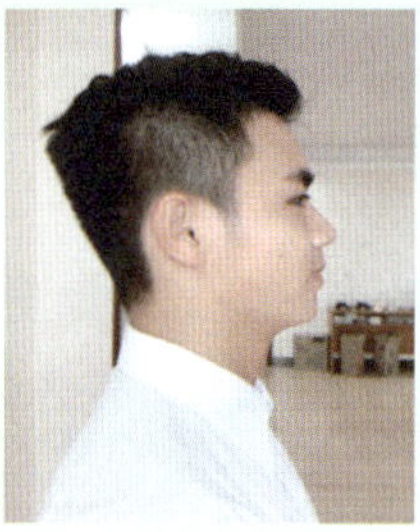

三、修饰

（一）面容要求

女服务员的妆容要干净清新、淡雅自然，每两个小时检查一次妆容。男服务员无须化妆，保持面部整洁清爽，给人热情、庄重的感觉。服务员的面容要求和标准如表 4-1-3 所示。

表 4-1-3　服务员的面容要求和标准

女服务员的面容标准及图例	男服务员的面容标准及图例
1. 女服务员化淡妆： 口红：以普通红色为宜。 腮红：均匀、淡薄，沿着颧骨刷。 描眉：以深棕色为宜，切忌将眉毛描得过黑、过粗。 眼影：以柔和为主，如棕色、灰褐色。 遮瑕：使用颜色较自然的遮瑕膏，遮盖脸上的斑点或黑眼圈。 2. 眼睛、耳朵、口腔干净卫生 	1. 每天刮胡须，不能留胡须。 2. 鼻毛要经常修剪，不得外露。 3. 眼睛里不得有眼屎，不得戴有色眼镜。 4. 注意耳朵干净卫生。 5. 班前检查口腔卫生，牙缝中不得有食物残留，口中无异味 

（二）手部要求

手部卫生最能反映一个人的卫生习惯，服务员要经常洗手，保持手部干净卫生。
（1）指甲长度不宜超过 1mm，不能有黑边。
（2）尽量不涂指甲油，或选用透明指甲油，切忌选用带图案的美甲。
（3）冬天常涂护手霜，保持手部的滋润光洁。

（三）首饰要求

餐厅对服务员佩戴首饰有严格的要求：
（1）女士允许佩戴比较简洁的耳钉，但是直径不应超过 2mm。
（2）不准佩戴鼻环、手链、脚链、戒指以及很夸张的头饰，但已婚男女允许佩戴婚戒。
（3）可佩戴手表、项链，所戴项链不得外露。

四、个人卫生

服务员要养成良好的卫生习惯，做到以下三点：
（1）班前洗澡，勤换衣服，不留汗味，不应使用气味浓烈的香水。
（2）班前不吃异味较重的食物，比如韭菜、洋葱，饭后漱口，确保牙缝中无异物。
（3）有吸烟习惯的男服务员要注意身上不要带有烟味。

任务实训

请学生分组，复习讨论西餐厅服务员仪容仪表要求，并根据要求进行仪容仪表自我整理 10 分钟。

任务评价

评价内容	评价要点	学生自评		学生互评		教师评价	
		分值	得分	分值	得分	分值	得分
着装	工装	10		10		10	
	工牌	10		10		10	
	袜子、皮带、领带	5		5		5	
发式	长度标准	10		10		10	
	洁净程度	10		10		10	
	发饰	10		10		10	

续表

评价内容	评价要点	学生自评		学生互评		教师评价	
		分值	得分	分值	得分	分值	得分
修饰	面容要求	10		10		10	
	手部要求	10		10		10	
	首饰要求	10		10		10	
个人卫生	化妆	10		10		10	
	眼睛、耳朵、口腔	5		5		5	

拓展延伸

领带结的打法

领带结的打法非常多样化，下面介绍两种常用打法，如表 4-1-4 所示。

表 4-1-4 领带结常用打法

类型	图示教学
妮基结	
温莎结	

任务二 仪态

丨任务描述丨

一天，某公司职工一共 108 人在西餐厅聚餐，该公司董事长是一位特别注重礼仪的人，要求在接待服务方面一定要周到，礼仪礼貌到位。餐厅停车场到餐厅的距离有些远，董事长希望他的员工从停车场到餐厅都能有服务员指引，并且能得到热情周到的服务。如果你是该餐厅的服务员，你知道在指引客人时要注意哪些仪态礼仪吗？

| 任务目标 |

能够掌握标准规范仪态的要领，提升在各种服务情景中随机应变的能力。

| 任务准备 |

仪态指的是人的行为举止，是一个人修养的直接体现。仪态包括人的站、坐、走、蹲姿，微笑，手势等动作。

一、站姿、坐姿、走姿、蹲姿

在西餐厅服务员的仪态礼仪中，站、坐、走、蹲姿是最常用的动作，其动作要领如表4-1-5所示。

表 4-1-5 站、坐、走、蹲姿动作要领

动作要领	女性图例	男性图例
站姿要求：头正颈直、目视前方、下颌微收、两肩持平。 1. 女士丁字步站姿： 两脚略分开，左脚略上前贴在右脚内侧中间位置；右手搭在左手上，置于腹前 2. 男士分腿站姿： 两脚平行分开，与肩同宽，脚尖朝前；双臂自然下垂置于体侧，或者双手交叉放于身前		
坐姿要求：上身保持正直，微前倾；双肩自然放松、持平；坐满椅子的1/2 ~ 2/3。 1. 女士标准式坐姿： 双手：掌心向下，交叉叠放在偏左腿或者偏右腿的地方，同时靠近小腹； 双脚：双膝并拢，小腿垂直地面，脚尖朝前 2. 男士标准式坐姿： 双手：两手掌心向下放于两腿或者扶手上； 双脚：小腿垂直落于地面，两脚自然分开	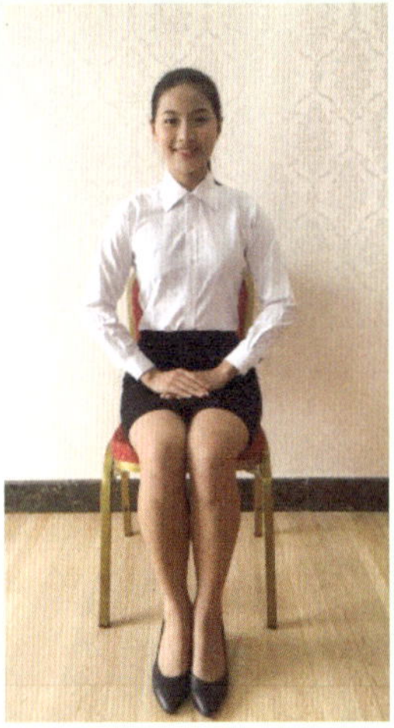	

续表

动作要领	女性图例	男性图例
走姿要求： 1. 上身挺直，抬头挺胸，表情自然； 2. 身体重心稍向前倾，双臂自然协调地前后摆动； 3. 步速平稳，跨步要均匀，步幅约一只脚至一只半脚的长度； 4. 穿裙装时，脚尖与脚跟要基本成一条直线，穿裤装时，可走成两条平行的直线； 5. 变向时应采用后退步，先向后退两三步，步幅要小，同时脚底轻擦地面，再转身离去		
1. 女士高低式蹲姿： 下蹲后，双脚并排，右脚在前，左脚在后；右脚掌面完全着地，小腿垂直于地面，左脚脚跟提起；左膝盖低于右脚膝盖，左膝内侧贴近右小腿内侧，总体上右膝高、左膝低；臀部向下，左脚成为主受力点 2. 男士单膝点地式蹲姿： 下蹲后，左膝或者右膝点地，臀部坐于脚跟上，脚尖着地，另一条小腿垂直于地面，脚掌着地；两膝同时向外，双腿尽量靠拢；主要受力点在于脚尖着地之脚		

二、微笑

微笑是一种艺术，是西餐服务人员对客人热情真诚的表达，更是个人修养与自信的体现。微笑是西餐服务中最常用的仪态礼仪，能拉近与客人的距离，带给客人亲切和温暖的感觉。微笑的要求如表 4-1-6 所示。

表 4-1-6 微笑的要求

要求	图例
嘴角微微上扬，上齿自然露出 6 ～ 8 颗	
眼神亲切有神，眼睛注视客人双眼和嘴之间的三角区	
口和眼结合，眼神含笑，表情自然轻松，发自内心真诚地微笑	

三、手势

手势是一门无声的语言，在西餐服务过程中，特定的环境以及特定的手势比语言表达更加清晰，甚至可以弥补语言沟通的不足。常用的手势礼仪有四种，如表 4-1-7 所示。

表 4-1-7 常用的手势礼仪

类型	手势要领（以右手为例）	图例
横摆式	横摆式手势是表示“请进”的谦让礼姿势。首先应轻声跟客人说“先生 / 小姐，您请”，然后采用“横摆式”手势。 要领：手指伸直并拢，手掌伸直，手心向上与地面成 45°；肘关节弯曲，并且腕关节高于肘关节；手从躯前抬起并向右摆动至身体右侧稍前方停住；双脚站成右丁字步；左手自然下垂或置于腹前，头和身体微向右侧倾斜，目视来客，面带微笑	

续表

类型	手势要领（以右手为例）	图例
直臂式	直臂式手势一般用于为客人指引方向。 要领：手指伸直并拢，手心斜向上，从腹前抬起，指向要去的方向；摆至肩的高度为止或比肩略高，肘关节伸直；身体侧向来宾，目光集中于中指的方向和来宾	
斜摆式	斜摆式手势在请来宾入座时使用，也被称为“请坐”手势。 要领：手指伸直并拢，手掌伸直，前臂从上向下摆动，手臂向下成一斜线，并且微笑示意来宾入座	
挥手道别	挥手道别在客人离开餐厅时使用。 要领：手指伸直并拢，手掌伸直，掌心朝向对方，晃动手腕	

任务实训

角色扮演

技能训练：仪态礼仪训练。

训练方法：情景模拟法。

（1）国庆黄金周的第一天，正是王先生和韩女士举行婚礼之日。两位新人希望来参加他们婚礼的宾客都能得到最好的服务。婚礼宴请了公司领导、重要客户，他们给两位重要的客人特别安排了最佳位置，希望餐厅能在两位贵宾到达餐厅的那一刻开始就提供最优质的服务。

（2）每一小组派代表演示，两人扮演客人，其他人扮演服务员。

（3）学生互换角色进行训练。

任务评价

评价内容	评价要点	学生自评		学生互评		教师评价	
		分值	得分	分值	得分	分值	得分
站、坐、走、蹲姿	站姿	10		10		10	
	坐姿	10		10		10	
	走姿	10		10		10	
	蹲姿	10		10		10	
微笑	嘴角	10		10		10	
	眼神	10		10		10	
手势	横摆式	10		10		10	
	直臂式	10		10		10	
	斜摆式	10		10		10	
	挥手道别	10		10		10	

拓展延伸

鞠躬礼仪

鞠躬即弯腰行礼，用于表达对他人的敬重、感谢、歉意。行鞠躬礼时，应停步立正，面对客人，以 2 ～ 3 步的距离为宜，以腰部为轴，上半身向前倾。在西餐厅中，最常见的鞠躬礼是 30°鞠躬礼，其动作要领是：颈背成直线，双手自然垂放在裤缝两边（女士可双手交叉放在体前），上半身向前倾斜 30°，目光落于体前 1.5m 处，然后慢慢抬起，注视对方。

项目二 西餐服务人员的谈吐礼仪

情景导入

某天中午，一位客人打电话向西餐厅预订了一份简餐，半小时后到店用餐，希望西餐厅给他留位。服务员小笛接受了客人的预订，想着自己30分钟后还在上班，餐厅中午用餐人数也不多，商务套餐只需要提前15分钟准备即可，因此觉得没有必要做预订记录。大约10分钟后，小笛被餐厅主管叫去忙其他的事情，没来得及跟其他同事交代。大约又过了5分钟，客人来到餐厅，询问当值服务员他预订的简餐准备好了没有，结果当值服务员表示没有接收到预订。由于客人赶时间，很急躁："我要赶飞机才提前预订，耽误航班你负得起责吗？"当值服务员顿时也急了："先生，如果你有预订的话，我们一定会有预订记录的。请不要大喊大叫。"客人听后十分生气，于是向餐厅经理投诉。

问题　有客人电话预订的时候服务员应该怎么做？

情景简析

当服务员接到电话预订时应做到以下四点：一是电话接线要迅速准确，铃声不超过三声；二是保持愉悦的心情与客人沟通；三是仔细聆听客人的讲话，对客人所讲的重要信息进行重复和附和；四是要认真记录与确认，在迎宾记录本上记录客人预约的人数、时间、桌次等信息资料，记录时要重复客人的话，以检验是否无误。

任务一 电话礼仪

| 任务描述 |

小李是西餐厅送餐部工作人员，今天是她第一天上岗，她的主要工作内容是接听电话并帮助客人订餐，并通知同事将餐派送到客人房间。客人王先生是个性子急躁的人，打电话订餐时只口述了一遍便急匆匆地挂了电话。然而小李还没搞清楚王先生的订单，因此她打算回拨电话问清楚。如果你是小李，你如何礼貌地接听王先生的预订电话，回拨王先生的电话时又该怎么做呢？

| 任务目标 |

能够掌握正确的、礼貌的打电话、接电话技巧。

| 任务准备 |

接打电话是西餐厅前台服务中常见的工作，需要掌握相关的步骤。

一、电话礼仪的基本要求

服务人员电话礼仪的基本要求包括声音清晰响亮、反应迅速灵敏、态度和蔼亲切、语言用词准确，如图 4-2-1 所示。

图 4-2-1 电话礼仪的基本要求

二、接电话的基本礼仪

接电话包括接线前、电话中、挂电话三个部分。接电话的基本礼仪如图 4-2-2 所示。

图 4-2-2 接电话的基本礼仪

（一）电话接线迅速准确

服务人员应在电话铃响三声内接听电话。如果电话铃响了超过三声才拿起话筒，应该先向客人道歉。

（二）保持愉悦的心情与客人沟通

服务人员接电话时的第一句话："您好，XX 酒店西餐部，我是 XXX，很高兴为您服务。"接听电话时要保持愉悦的心情，这样即使对方看不见你，也能从欢快的语调中感受到你的温暖。

（三）注意聆听

服务人员在客人讲完之前不要打断他，对听不清楚的地方，要复述客人的话请其确认，以免弄错。

（四）认真记录与确认

服务人员在电话机旁边要准备好纸和笔。如果有客人预订，则在迎宾记录本上记录客人预约的人数、时间、桌次等信息资料。记录时要重复客人的话，以检验是否无误。

（五）挂断电话要有礼貌

通话结束时，服务人员应说"谢谢您！恭候您的光临"。通电话时，客人先挂断电话方为通话完毕。

三、打电话的基本礼仪

（一）选择适当的时机打电话

当餐厅的安排与客人的预订产生冲突时，预订员需要打电话与客人进行沟通，要选择恰当的时机，不能打扰客人的正常休息，进行沟通前，一定要先向客人致歉再说明缘由。

（二）语言要简明扼要

预订员打电话的时间最好控制在 3 分钟以内，因此需要事先整理好电话内容和要点，养成打电话语言简练、条理性较强的好习惯。

（三）使用恰当的称呼

如果是贵宾，应以"姓氏＋职务"称呼，这样可以显示出餐饮部对客人的尊重。如"李主任，您好，这里是 XX 酒店餐饮部，我是 XX"；如果只知道客人的姓氏，就按姓氏冠以先生、女士称呼，如"林先生"。

（四）注意说话礼貌

打电话时始终要用礼貌语，常用的有："您好""谢谢""再见""晚安"等。

四、接电话的步骤

接电话主要有五个步骤，各步骤及其操作要求如表 4-2-1 所示。

表 4-2-1 接电话的步骤及操作要求

步骤	操作要求
拿起话筒并告知身份	拿起话筒，使用礼貌用语告知客人自己的身份，注意对话过程中保持亲切的语音语调。如：“您好，XX 酒店西餐部。”
确定客人身份	确定客人身份并礼貌称呼对方。如：“XX 先生，您好。”
记录信息	听取客人来电的用意，同时进行记录，特别注意时间、地点、人数、菜式等重要信息。
再次确认	再一次确认客人的预订或更改。如“请您再重复一遍”
结束语	礼貌结束与客人的对话，轻轻放下话筒。如“谢谢”“再见”

五、打电话的步骤

打电话主要有五个步骤，各步骤及其操作要求如表 4-2-2 所示。

表 4-2-2 打电话的步骤及其操作要求

步骤	操作要求
打电话前的准备	打电话前准备好要讲的内容、资料，面部保持微笑
拨打电话，告知身份	拨打电话，使用礼貌用语问候客人并告知自己的身份。如：“您好，XX 酒店餐饮部，我是 XX。”
确认对象	确认接电话者是否是自己要找的客人。如：“请问是 XX 先生吗？”
简述缘由	简述拨打这通电话的缘由，在此过程中保持通话区域的安静。如：“今天打电话给您是想确认一下西餐宴会的席次安排。”
结束语	礼貌结束与客人的对话，轻轻放下话筒。如“谢谢”“再见”

任务实训

技能训练：西餐厅电话预订。

训练方法：情景模拟法。

（1）分小组设计情景对话。

情景一：客人预订餐位，服务员接听电话，帮助客人落实预订。

情景二：由于客人之前的预订存在问题，服务员需要与客人进一步沟通。

（2）每一小组派代表演示，一人饰演电话预订员，另一人饰演客人。

（3）学生转换身份，互换角色进行训练。

任务评价

评价内容	评价要点	学生自评		学生互评		教师评价	
		分值	得分	分值	得分	分值	得分
接电话	掌握接电话的基本礼仪	30		30		30	
	掌握接电话的步骤	20		20		20	
打电话	掌握打电话的基本礼仪	30		30		30	
	掌握打电话的步骤	20		20		20	

任务二 交谈礼仪

| 任务描述 |

交谈礼仪的目的是通过传递尊重、友善的信息，给人以美的、温暖的感受。在西餐服务中，服务人员要用文明、礼貌的语言与客人沟通并建立起情感沟通的纽带。

| 任务目标 |

能够掌握文明礼貌的交谈礼仪，并在实际生活中自如运用，使之成为一个良好的生活习惯。

| 任务准备 |

交谈礼仪是日常生活中常见的礼仪，有助于与客人沟通。

一、交谈礼仪的基本要求

（一）适当的服务距离

服务人员在餐厅与客人交谈时需要保持适当的服务距离。一般情况下，交谈时应保持的距离在 0.5 ～ 1.5m。

（二）恰当的称呼

称呼礼仪是指餐厅服务人员在工作中用恰当的称谓来称呼客人，如称客人为“经理”“夫人”“先生”“小姐”等。具体需要注意以下几点：

（1）对男性客人可称“先生”，在知道客人的姓氏时，最好称“X 先生”。

（2）对年轻的女性客人可称“小姐”；对已婚的女性客人可称“夫人”；对不知道已婚还是未婚的女性客人可称“女士”。

（3）对有学位或职称的客人可以“学位 / 职称 + 先生 / 女士”相称，如“X 教授 / 先生”。

（4）称呼第三者时不宜使用“她”或者“他”，而要称“这位先生”或“这位女士”。

（5）在与客人交谈的过程中，应该多次使用对客人的尊称。

（三）得体的服务语言与态度

服务人员与客人交谈时要自然，语言表达要得体，使用规范、合乎礼仪的礼貌用语，要充满自信。态度要和气，内容一般不要涉及不愉快的事情，避免使人为难的话题，避免争执、争吵。在交谈中，要与客人进行眼神交流，面带真诚的微笑，以增加感染力。

（四）亲切自然的语气语调

服务人员与客人交谈时要注意音量、语速、语调，如表 4-2-3 所示。

表 4-2-3　交谈时的音量、语速、语调要求

音量适度	餐厅服务人员讲话时声音不宜过高，音量大到让人听清即可。有些服务人员在公共场合不管不顾地大声讲话，有些服务人员又喜欢凑到客人耳边小声说话，这些都是不合乎交谈礼仪的
讲话速度快慢适中	餐厅服务人员讲话时要依据实际情况的需要调整语速快慢，讲话速度最好不要过快，要尽量做到平稳中速。在特定场合下，可以通过改变语速来引起客人的注意，加强表达的效果
语调柔和	语调亲切自然，语气谦恭。既不要嗲声嗲气、矫揉造作，又不要生硬蛮横

二、交谈礼仪的注意事项

（1）与客人交谈，一般只谈与服务工作有关的事情，不宜向客人询问或者避免询问有关客人隐私的问题，如客人的年龄、薪水、婚姻状况等。

（2）与客人交谈时，应保持站立姿势，注意倾听对方的发言，不要随便插嘴。对客人的话如果没有听清楚，可以请客人复述一遍，但不能有急躁或厌烦的表情。

（3）与客人交谈时，应面对客人。在客人面前不可有不文雅的举动，如挠头、抓耳等。

（4）与客人交谈时，应注意自己服务人员的身份，讲话要有分寸，称赞客人要得体，应做到谦虚有礼。

（5）与客人交谈时，应本着实事求是的原则，不要随便答复自己不确定的事情，对自己服务范围以外的事情，不要轻易向客人许诺。

（6）客人之间进行交谈时，服务人员不可驻足旁听。如有事需要与客人交谈，则应先打招呼，并表示歉意。

案例分析

某西餐厅内，一位老太太和家人正在其乐融融地用餐。老太太吃不惯牛排，于是儿子为她点了一份米饭，这时，服务员小夏看到老太太的碗空了，想到对老人要特别关注照顾，于是，她走到老太太身边屈身轻声询问："请问您还要饭吗？"老太太一听，脸色变得很难看。服务员小夏以为老太太年纪大了听力不好，于是提升音量问："请问您还要饭吗？"由于服务员的声音过大，邻桌的客人投来异样的眼光。这时，老太太怒气冲冲，生气地回答："小姐，我今年虽然 75 岁了，但是我儿孙满堂，吃穿不愁，还没沦落到要饭的地步！"最终，老太太的家人向餐厅经理投诉。服务员小夏的细心观察与热心服务却换来了投诉，她感到很委屈，但同时也意识到与客人交谈需要注意用语。

思考：服务员小夏的做法为何引得客人不满呢？服务员小夏与客人交谈时应注意什么？如何才能做到服务语言得体、态度大方？

拓展延伸

中西方餐饮用语的差异

中西方在请客吃饭上的文化差异较大，如不加以注意，就会引起笑话或误会。

中国人热情好客，请客吃饭时一般都要菜肴满桌，但无论菜肴多么丰盛，总要谦虚地说："没什么好吃的，菜做得不好，随便吃点。"按照中国的习俗，为了表示礼貌，习惯上会一再劝客人多吃点，而客人往往会说："我饱了，不用了。"

而英美国家的人招待客人一般没那么讲究，简简单单三四道菜就可以了。用餐时，一般主人会说："Help yourself，please!"英美国家的人待客尊重个人意志，一再问客人要不要食物或者强塞食物给客人，都是很不礼貌的。

项目三 西餐服务人员的接待礼仪

情景导入

服务员小雨是维多利亚西餐厅的月度优秀员工，是餐厅的领位员。一个炎热的中午，餐厅客人特别多，小雨刚带一批客人入座，就看到一位端庄典雅的女士走了进来。

小雨马上微笑迎接，礼貌地了解到该女士喜欢既安静又靠窗的位置。但是此时既安静又靠窗的位置已经满座了，因此小雨欲将客人引领到其他安静的位置上去。

“不不不，我喜欢坐在靠窗的位置，这样可以享受美食和风景。”女士指着窗口的位置说道。

“请您先在这里坐，等有靠窗的空位我再请您过去，您看可以吗？”小雨微笑地征求女士的意见。

在征得客人的同意后，小雨对该餐区的服务员交代了几句后才离开。当小雨得知有靠近窗口的位置时，马上邀请女士换位置。但是女士觉得现在的位置也很好，阳光照进来，让人觉得很温暖，并对小雨表示了感谢。

问题

1. 请根据该情景导入中领位员服务的过程分析领位服务具体应该怎么做。
2. 思考迎送服务需要注意什么。

情景简析

1. 领位服务员要微笑接待客人，礼貌询问客人是否有预订，了解客人的需求，为客人安排适合的位置。

2. 迎送服务包括迎宾服务和送客服务。

（1）迎宾服务要做到到岗准时、仪态得体、面带微笑并主动迎接客人、核对客人预订；

（2）送客服务要做到协助客人离座并道别、礼送客人、服务个性化。

任务一 迎送服务礼仪

| 任务描述 |

玛丽是一家餐厅的优秀员工，明天有个很重要的客人要来餐厅就餐，餐厅经理要求玛丽为该客人提供管家式服务，以体现餐厅对该客人的热情以及重视。那么玛丽在迎宾服务和送客服务中应注意哪些方面的礼仪呢？

| 任务目标 |

能够准确地掌握迎宾送客礼仪。

| 任务准备 |

迎送服务包括迎宾服务和送客服务。

一、迎宾服务礼仪

服务人员迎宾时要做到到岗准时、仪态得体、面带微笑并主动迎接客人、核对客人预订信息，具体操作标准如表 4-3-1 所示。

表 4-3-1 迎宾服务操作标准

流程	操作标准
到岗准时	在开餐前 5 分钟，迎宾员站立在餐厅门口的两侧，迎候客人的到来
仪态得体	迎宾员按规定着装，仪容仪表端庄大方，站立于指定位置，站姿优雅，必须保持抬头、收腹、肩平，面带微笑，目视前方，精神饱满地迎接客人的到来。迎宾员不得交头接耳，不得倚靠门或其他物体，站位要整齐美观
微笑迎宾	当客人到达迎宾区域时，迎宾员应主动上前，面带微笑向客人行鞠躬礼，并热情地向客人问好和表示欢迎
核对预订	询问客人是否有预订，在询问时要注意礼貌用语，如"请问先生您有预订吗？"如果客人已预订，迎宾员应迅速找到预订的记录，查找为客人准备好的餐位，热情地将客人引领到预留的餐桌。如果客人没有预订，迎宾员应礼貌地将客人引领至其他合适位置的餐桌

二、送客服务礼仪

（一）协助客人离座并道别

客人起身离座，服务人员要主动上前为客人拉椅，提醒客人带齐随身物品。

（二）礼送客人

服务人员面带微笑向客人行鞠躬礼，致谢并告别客人："谢谢您的光临，请慢走！欢迎下次光临！"

（三）服务要个性化

如客人需要，服务人员可将客人引领出餐厅并为客人按电梯，微笑着目送客人离开。

任务实训

技能训练：迎宾送客服务。

训练方法：情景模拟法。

（1）分小组设计情景对话。

情景一：王先生带着五位朋友从电梯出来并向尚趣餐厅走来，迎宾员马上进入迎宾状态。

情景二：王先生和朋友用餐结束，准备带朋友离开餐厅。

（2）每一小组派代表演示，一人饰演迎宾员，两人饰演客人。

（3）学生转换身份，互换角色进行训练。

任务评价

评价内容	评价要点	学生自评		学生互评		教师评价	
		分值	得分	分值	得分	分值	得分
迎宾服务礼仪	仪态规范	20		20		20	
	表情到位	10		10		10	
	交谈语言礼貌、准确	20		20		20	
送客服务礼仪	协助客人离座并道别，注意提醒、动作、语言	20		20		20	
	送别客人时注意表情、语言	20		20		20	
	服务个性化	10		10		10	

拓展延伸

西餐服务中礼貌用语的基本要求

（1）说话要用尊称，态度不卑不亢；
（2）说话要文雅、明确；
（3）说话要婉转热情；
（4）说话要讲究语言艺术，力求语言优美；
（5）与客人讲话时要注意举止表情。

任务二 引座礼仪

| 任务描述 |

星期一中午，餐厅客人较少，这时来了位八旬老人，拄着拐杖，行动迟缓。请问服务人员该如何引座？

| 任务目标 |

能够掌握餐厅引座的规范与技巧。

| 任务准备 |

引座礼仪包括引坐的规范、技巧以及相关注意事项。

一、引领入座的规范

引领客人入座时要牢记以右为尊的原则，迎宾员应走在客人左前方一米左右处，目的是为客人指引方向，并对客人招呼：“请这边请！”同时伴以手势，手势要求规范适度，给客人指引方向时，应将手臂自然弯曲，手指并拢。

迎宾员走路速度不要太快，在引领过程中不时回头并面带微笑示意客人。

二、引座的技巧

迎宾员可以将先到餐厅的客人安排在靠窗口或靠门口区域，使窗外、门外的行人看到觉得餐厅气氛热烈，以招徕更多客人。为不同的客人安排座位时，具体需要注意以下几点：

（1）来就餐的情侣适合安排在风景优美、安静的角落，这些空间比较有情调而且不会被打扰。

（2）将着装华丽的时髦女士安排在餐厅较为显眼、中央的位置，可以为餐厅增加色彩并满足客人引起关注的心理。

（3）老年人来用餐时，应尽量安排在靠入口较近、出入方便的位置；对于有明显的生理残缺的客人，要安排在入座后挡住其不便的位置。

（4）在有小朋友的情况下，应为小朋友准备儿童椅，以保证其安全。

（5）当有客人带宠物一起进餐时，委婉地告诉客人，为了大家的食品安全卫生，宠物不能进入餐厅。

（6）当餐厅客满时，应礼貌地安排客人在休息区等候。

三、拉椅入座

到达客人的座位时，迎宾员要按照入座礼仪规范为客人拉椅，应用双手将椅子平稳拉出，并微笑着用手势示意客人就座。如果有多位客人就餐，应首先照顾年长者或者女士入座。离开时，记得对客人说："祝大家用餐愉快！"

案例分析

早上六点三十分，某酒店餐厅用餐客人寥寥无几，张先生到餐厅吃早餐，他右手提着电脑包，左手拿着文件，打算吃早餐的同时处理公事。迎宾员小何看到张先生，灵机一动，热情微笑着将客人带到 D 区就餐。早上九点三十分，张先生离开时，向餐厅经理表扬了小何，表示对餐厅的服务非常满意。原来是因为七点过后餐厅客人会很多，A、B、C 用餐区较嘈杂，D 区离取餐区较远，很少客人选择入座。而小何通过对客人的观察，知道客人需要安静的环境办公，特意为客人挑选了一个安静的位置。

思考：你知道张先生为什么对此次服务非常满意吗？

拓展延伸

如何为带小孩的客人服务

微博上曾流传着这样一则视频：两位大人正带着一个小孩在某火锅店吃饭，孩子坐在靠过道的位置上。服务员端着滚烫的锅底路过时，突然脚底打滑，将一锅热汤直接洒向了座位上的小孩，导致小孩整个胸部被滚烫的汤水烫伤，头部也被烫伤。

孩子天性活泼、调皮，如何做好对带小孩的客人服务，是每个服务员必须掌握的知识。在为带小孩的客人服务时，应注意以下几点：

（1）首先把带小孩的客人安排到餐厅的一侧，避免影响他人，并注意不要把孩子安排到靠过道的位置上。根据需要，为孩子加高座位或者提供儿童椅。

（2）在点菜时，要关注孩子，向父母推荐孩子比较喜欢的菜品，如小吃、甜食等。

（3）先上小孩喜欢的菜品，并尽量减少所用餐具，如果餐厅有宝宝餐具，应向客人提供。

（4）上菜时不从孩子的一侧上。

（5）当孩子吃完后，服务员可将孩子领到一边照看，使大人能放心就餐，同时切记不得给孩子乱吃东西。

任务三 递物礼仪

| 任务描述 |

中午，西餐厅座无虚席，2号桌客人陈女士需要一把剪刀，服务员玛丽迅速到前台替客人拿来一把剪刀。服务员玛丽应该如何为客人递上剪刀呢？

| 任务目标 |

掌握递接不同物品的方法。

| 任务准备 |

要做好递物服务，就要掌握递物原则以及不同物品的递送要求。

一、递物原则

在西餐服务工作中，服务人员常常需要为客人递送物品，在递接物品时需要遵循以下原则。

（一）尊重对方

递物时，服务人员应该面带微笑，直视客人与客人进行眼神交流，并加上一句符合当时情境的礼貌用语。

（二）双手递物

一般情况下，应该用双手递接。在特殊情况下，无法使用双手递接物品时，应该使用右手递接，用左手被认为是失礼的行为。

（三）主动递物

当与客人距离较远时，服务人员应该主动起身将物品递给客人，而且要直接交到客人手中，不要随手就将物品放置于其他地方。

二、递接不同物品的方法

餐厅服务人员递接的物品一般有较锋利的器具、菜单、酒水、茶水、衣帽等，递接不同的物品有不同的方法，如表4-3-2所示。

表 4-3-2 递接不同物品的方法

递接物品	递接方法
接递较锋利的器具	递笔、刀具、剪刀之类尖利、易于伤人的物品给客人时，需将尖端朝向自己并握在手中，同时还应该提醒对方“请您小心！”，或者是将尖端朝向其他地方，千万不能朝向客人，如果朝向客人，则是非常失礼的行为
递菜单	在餐厅服务中，服务人员递菜单时一般应站立在客人座位的左侧，面带微笑，双手递上。一般先将菜单送给女士或长者，应使文字正面朝着客人，不可倒置
递接酒水、茶水	如果是招待客人用茶，往往一手握茶杯把儿或扶杯壁，另一手托杯底，并说“请用茶”，若茶水较烫，可将茶杯放到客人面前的茶几上；如果是递送酒水、饮料，应将商标朝向客人，左手托底，右手握在距离瓶口 1/3 处
递接衣帽时	客人进入餐厅后，服务人员应主动接下客人的衣帽，并按顺序挂到衣帽架上。注意勿将衣服倒提，以防衣袋内的物品掉落。贵重衣服要用衣架挂好，以防衣服产生褶皱

任务实训

技能训练：递接物品服务。

训练方法：情景模拟法。

（1）分小组设计情景对话。

某天中午，西餐厅来了三位客人，一位女士，一位男长者，一位男青年。请你为该桌的客人递上本餐厅的菜单。

（2）每一小组派代表演示，一人饰演服务员，其他人饰演客人。

（3）学生转换身份，互换角色进行训练。

任务评价

评价内容	评价要点	学生自评		学生互评		教师评价	
		分值	得分	分值	得分	分值	得分
递物的原则	是否做到尊重客人、双手递物、主动递物	50		50		50	
递物的方法	递菜单的表情、顺序以及站立位置	50		50		50	

拓展延伸

递接名片礼仪

递送名片时应起立或欠身，用双手或右手递出，用左手被视为是非常不合乎礼貌礼仪的行为；面带微笑，注视对方，双臂自然伸出，四指并拢，用双手的拇指和食指分别持握名片上端的两角送给对方，名片正面朝上，文字内容正对对方，可同时说一句“您好，请多多关照”。接名片时要用双手，并认真看一遍上面的内容。

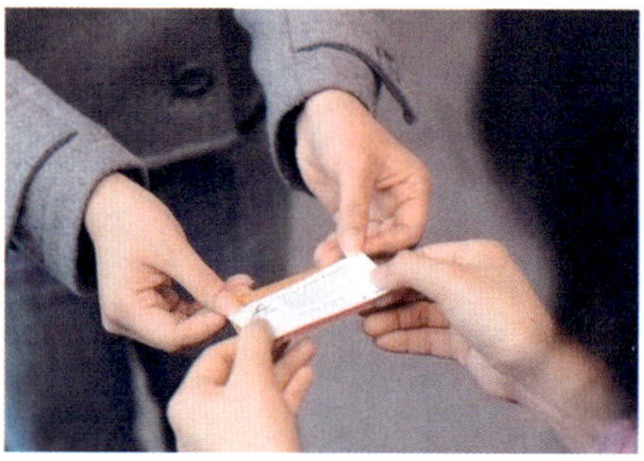

递送名片的顺序：地位较低的先向地位高的人递名片，男性先向女性递名片，当对方不止一人时，应先将名片递给职务高者或年龄长者，如分不清职务高低、年龄大小，宜先和自己左侧的人交换名片，然后按顺时针方向递送。

项目四 西餐中的用餐礼仪

情景导入

小元是大四的学生，目前在一家外贸公司实习，公司年会时举办了大型的西式自助餐会。餐会一开始，小元就将餐巾搁在胸前，她害怕弄脏自己的衣服；为节省取食的路程，小元从离自己最近的汤开始喝起，而此时同事们都在吃开胃菜；小元起身去拿食物时，把刀叉并排放，结果还没吃完的菜就被服务员收走了。一顿饭下来，小元尴尬得想钻地洞。

问题 小元吃西餐的哪些礼仪礼节是错误的？应如何改正呢？

情景简析

西餐用餐礼仪在正式的西餐厅中是非常讲究的。小元的餐巾使用、用餐顺序、刀叉使用等礼仪是错误的。餐巾应该展开或者叠成三角形铺在大腿上；西餐用餐顺序是开胃菜→汤→副菜→主菜→甜点→果品→热饮；暂停用餐的时候刀叉的正确摆放位置为：刀右、叉左，刀口向内、叉齿向下，呈“八字形”摆放在餐盘之上。

任务一 餐巾的使用

任务描述

今天是小王夫妇结婚一周年纪念日，小王带妻子小林来到高档西餐厅就餐。上菜前，小林马上拿起餐巾搁在胸前，怕弄脏今天的新衣服，小王笑道：“亲爱的，快把餐巾放下，铺在大腿上。”小林看了下隔壁桌，别人就是把餐巾铺在大腿上，不禁也笑了。请问，在西餐用餐过程中，应如何正确使用餐巾呢？

| 任务目标 |

掌握西餐用餐中餐巾的正确使用方法。

| 任务准备 |

餐巾的形式不同，其意义不同。

一、餐巾的使用方法

（1）先将餐巾展开或者对折为三角形，开口朝外放在膝盖上，防止用餐时食物、饮料滴落在衣裤上。

（2）餐巾的使用形式具有暗示意义，表示用餐开始、结束、暂时离开。如表 4-4-1 所示。

表 4-4-1 餐巾的暗示意义

餐巾的使用形式	暗示意义
餐巾放于膝盖上 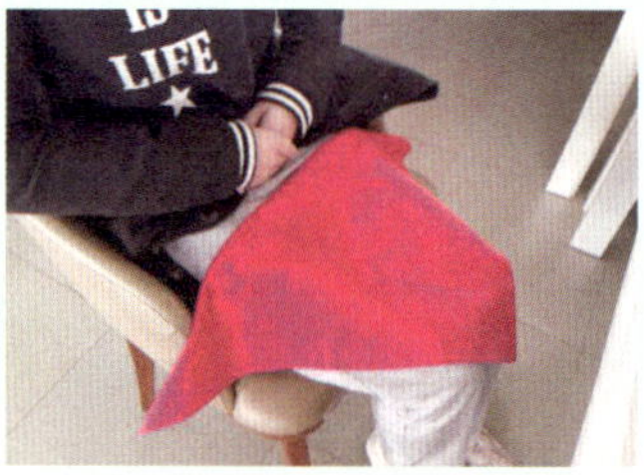	表示用餐开始
餐巾放于椅子上 	表示暂时离席
餐巾放于餐桌左侧 	表示用餐结束

（3）宴会中餐巾的暗示意义。

1）女主人将餐巾铺在膝盖上标志着宴会的开始。

2）女主人把餐巾放于桌子上标志着宴会的结束。

二、使用餐巾的注意事项

（1）不可用自己的手帕代替餐巾。

（2）切记勿用抖动的方式打开餐巾，因为声响会影响邻座。

（3）餐巾掉在地上，不可捡起再用，需请服务员重换一条。

（4）餐巾不能用来擦脸和餐具。

（5）不可将餐巾围在脖子上或挂在椅子上。

案例分析

2 月 14 日是西方的情人节，这天，很多西餐厅的位置都被早早预订了，勇浩带着女朋友小丽来到西餐厅，这是他俩第一次吃西餐，心中难免有点兴奋。点好餐之后过了一会儿，牛排上来了，小丽由于太用力切牛排，不小心把黑椒汁溅到衣服上，她马上把餐巾放在餐桌上去洗手间清洗，勇浩也把餐巾放在餐桌上跟着去洗手间，谁知回来的时候看到服务员正准备收拾餐桌，勇浩非常生气，对着服务员一顿数落，并要找经理投诉服务员的行为。

思考：是服务员做错了还是勇浩的做法有误？为什么？

拓展延伸

座次礼仪

（1）女士优先。在西餐礼仪里，注重女士优先的原则。一般女主人为第一主人，在主位就位。而男主人为第二主人，坐在第二主人的位置上。

（2）距离定位。西餐桌上席位的尊卑，是根据其距离主位的远近决定的。

（3）以右为尊。就某一具体位置而言，按礼仪规范，其右侧要高于左侧之位。在西餐排位时，男主宾要排在女主人的右侧，女主宾要排在男主人的右侧，按此原则，依次排列。

（4）面门为上。面对餐厅正门的座位的尊贵程度要高于背对餐厅正门的座位。

（5）交叉排列。在西餐中，排列席位时，讲究交叉排列，即男女应当交叉排列，其用意就是让人们能多和周围的客人聊天认识，达到社交的目的。

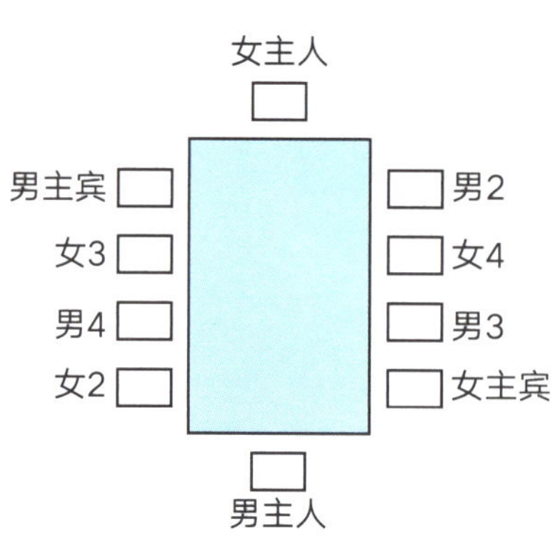

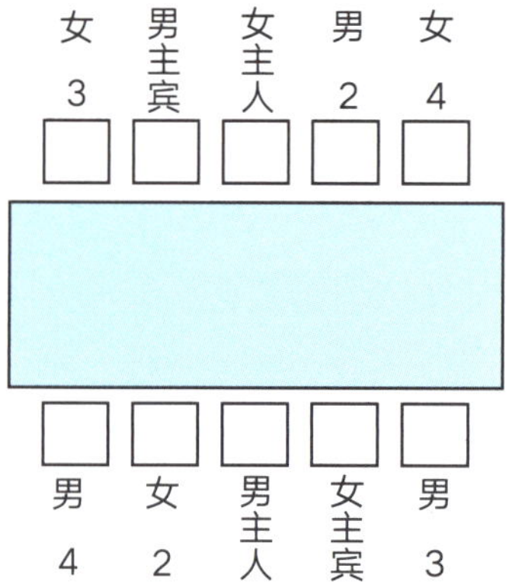

任务二 餐具的使用

| 任务描述 |

某天，阿伟独自来到西餐厅，他点了杯咖啡，觉得太苦了，于是加糖加奶之后准备拿起勺子来喝，旁边的服务人员小梁看到了，应该怎样温馨提醒呢？

| 任务目标 |

掌握西餐用餐中餐具的正确使用方法。

| 任务准备 |

餐具的使用包括刀叉、勺子的使用方法及注意事项。

一、刀叉的使用方法及注意事项

（1）正确的拿刀姿势：手握住刀柄，拇指按着柄侧，食指则压在柄背上。

（2）刀叉使用的顺序：使用刀叉进餐时，从外侧往内侧取刀叉。

（3）刀叉的使用：右手持刀、左手持叉，就餐时左手拿叉按住食物，右手拿刀从左往右将食物切下一小块。当叉不使用时，叉齿应该向上；当刀叉并用时，叉齿应该向下。如图 4-4-1 所示。切食物时，左右肘关节须夹在腰的两侧。

图 4-4-1　刀叉的使用方法

（4）刀叉的暗示意义：不同的摆放形式表示暂停用餐和用餐完毕，如表 4-4-2 所示。

表 4-4-2 刀叉的暗示意义

刀叉的使用形式	暗示意义
八字形 	表示暂停用餐
并排纵放 	表示用餐完毕

（5）不可让刀叉在牙齿上或盘中发出声响。

（6）不可直接用叉子吃面包。

（7）不可直接用餐刀切面包。

（8）使用刀叉时，用叉子叉住将要食用的部分，用餐刀切下，一次切下能一次全部放入口中的量。

（9）不可用叉子叉住食物撕咬。

（10）用叉子用餐时，不可直接咬下一半或部分食物。像蛋糕、水果只使用一把叉子食用的食物，应用叉子将水果或蛋糕切开，然后食用。

（11）不可用正餐刀叉食沙拉。

（12）使用餐刀时，刀刃不可朝外。

（13）用餐时不要玩弄刀叉。

二、勺子的使用方法及注意事项

（1）用勺子取食时应从内向外舀起。

（2）汤勺不可立在杯中或插入菜中。

（3）汤勺不可含在嘴里。

（4）不可直接用茶勺去喝茶，不可用咖啡勺来喝咖啡。

（5）勺子除用于饮汤、食用甜品之外，不可直接舀取其他任何菜肴。

（6）用餐时不要玩弄勺子。

案例分析

李欢毕业后来到一家外企上班，这天总经理迈克邀请公司的同事一起去家里吃饭。就餐时间到了，迈克的太太很热情地邀请大家入座，李欢表示感谢之后，也礼貌入座，但让她不适应的是，刚刚吃完第一道菜，汤就上来了，李欢赶紧端起碗把汤喝完。接下来小羊排又上来了，李欢看了一眼同事，为了不影响跟同事聊天，她刀叉并用，把盘子里的肉全部切成小块……甜品上来了，是李欢最爱的黑森林蛋糕，她马上拿起旁边喝汤的勺子三下两下就把蛋糕吃完了。

思考：在整个就餐过程中，李欢有哪些行为不符合西餐礼仪规范？

拓展延伸

咖啡礼仪

如何拿咖啡杯呢？当咖啡杯碟同上的时候，需要注意，用右手的拇指与食指捏住杯耳，左手端起碟子。喝咖啡时，不可满握杯耳，大口吞咽；也不可一边端着咖啡杯，一边吃着点心，或者吃一口喝一口交替着，喝咖啡时应该放下点心，吃点心时则需要放下咖啡。

任务三　用餐礼仪

| 任务描述 |

正式的西餐厅对用餐礼仪是非常讲究的，甚至会对客人的着装有一定的要求。在西餐较为普及的今天，正式的礼节已经越来越少了，现在所谓的西餐礼仪较注重的是一种礼貌，而不是过分拘泥于礼节。

| 任务目标 |

掌握西餐中的用餐礼仪。

| 任务准备 |

用餐礼仪包括用餐顺序以及相关注意事项。

一、用餐顺序

西餐的用餐顺序如图 4-4-2 所示。

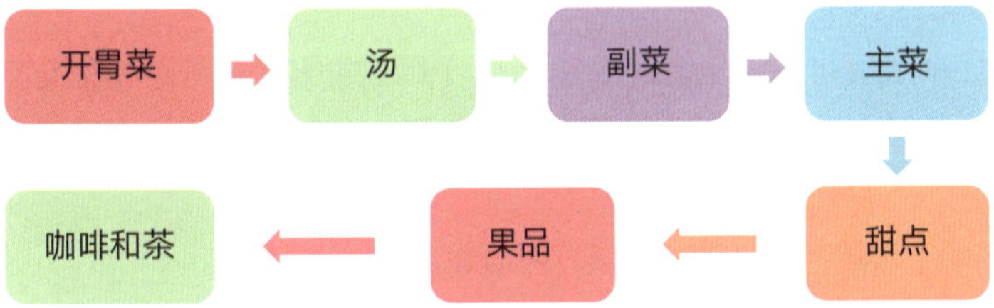

图 4-4-2　西餐用餐顺序

二、用餐礼仪和注意事项

（一）预约

到中高档餐厅用餐需要提前预约餐位，这样既可以保证就餐时有预留好的位置，也能避免长时间排队等号。目前，客人都可以在线预约或者直接打电话到餐厅进行预约，一般预约时需提供以下信息：计划用餐时间、人数、预订人以及联系方式等。

（二）就座

（1）在西餐用餐中，入座和离席须左进左出（要从座椅的左侧进出）。

（2）安排座次时，通常是男女间隔分开入座。

（3）男客人应为其右手边的女客人拉开座椅，等女宾客入座后，再帮其将椅子往前推进一些。

（三）点餐

主菜（牛排）点餐时的专业用语如表 4-4-3 所示。

表 4-4-3　主菜（牛排）点餐时的专业用语

一分熟	Rare
三分熟	Medium Rare
五分熟	Medium
七分熟	Medium Well
十分熟	Well Done

（四）注意事项

（1）客人的手提包不可放在桌上，应放于椅子背后。

（2）如果要脱外套，不可挂在椅背上，可交给服务员。

（3）用餐时，不要将手腕、胳膊肘放在桌上，以免影响旁边客人。

（4）吃饭、喝汤时不可发出声响；咀嚼时不可与人交谈，要吞咽下去后再交谈；交谈时不要用刀叉勺做手势语言。

（5）喝汤时应举起手肘将汤勺送入口中，不可低下身子将嘴凑到汤碗边去喝汤。

（6）当食物（如鱼）中有刺时，可用手从口中取出或用叉接住后轻放在盘沿上，不可直接吐入盘中。

（7）喝红酒时，应拿葡萄酒杯的杯脚，不要拿杯身。

西餐用餐的礼仪，是从西餐的饮食文化中发展出来的。西餐传入我国以后，其餐桌礼仪对中餐的饮食文化和礼仪产生了一些影响。对一些曾经受到过殖民统治的国家来说，西餐用餐礼仪影响更为深远，当然，也有许多殖民地国家至今仍保持着它们极具民族特色的饮食文化。

案例分析

今天是王伟入职的第一天，为了庆祝自己成功进入喜欢的公司，王伟邀请了学姐一起庆祝，准备吃西餐，但是王伟对吃牛排并不是很了解。当服务员问王伟要几分熟的牛排时，王伟顺口答：“八分熟。”这个时候，服务员用藐视的眼神看了王伟一眼，然后说：“我们这里不像那些小的西餐厅，我们都是严格按照西方的制作方法来烹饪牛排的，所以没有八分熟，您可以点七分熟的牛排。”顿时，王伟尴尬极了。

思考：服务员的做法正确吗？该如何恰当地提示客人呢？

拓展延伸

喝红酒的礼仪

喝红酒要选择高脚杯，这是基本礼仪。在喝红酒的时候不要“一口闷”，红酒讲究的是品酒，在喝之前先摇晃一下酒杯，入口停留几秒再吞下。女性在喝红酒时要注意不要将口红留在杯子上。在敬酒的时候杯子要高举齐眼，注视对方并小喝一口以表敬意。

参考文献

1. 刘敏 . 中西餐服务知识与服务技能 [M]. 北京：旅游教育出版社，2014.
2. 杜建华，等 . 酒店餐饮服务技能实训 [M]. 北京：北京交通大学出版社，2013.
3. 陈燕航 . 西餐服务 [M]. 北京：中国人民大学出版社，2014.
4. 汪珊珊 . 西餐与服务 [M]. 2 版 . 北京：清华大学出版社，2019.
5. 毛慎琦 . 餐饮服务技能实训 [M]. 2 版 . 北京：机械工业出版社，2013.
6. 李晓 . 西餐烹饪基础 [M]. 北京：化学工业出版社，2014.
7. 吕艳芝，朱玉华 . 饭店服务礼仪标准培训 [M]. 北京：中国纺织出版社，2014.